名人传

海伦·凯勒

我要光明

〔日〕野崎郁乃 著　　游弋 绘

人民文学出版社
PEOPLE'S LITERATURE PUBLISHING HOUSE

著作权合同登记号 图字 01-2018-8994

图书在版编目(CIP)数据

海伦·凯勒:我要光明/(日)野崎郁乃著;游弋绘.—北京:人民文学出版社,2019
(名人传)
ISBN 978-7-02-015140-0

Ⅰ.①海… Ⅱ.①野… ②游… Ⅲ.①凯勒(Keller,Hellen 1880-1968)-传记 Ⅳ.①K837.127=533

中国版本图书馆 CIP 数据核字(2019)第 061108 号

责任编辑 卜艳冰 王雪纯
装帧设计 汪佳诗

出版发行 人民文学出版社
社　　址 北京市朝内大街 166 号
邮政编码 100705
网　　址 http://www.rw-cn.com

印　　刷 莱芜市圣龙印务有限责任公司
经　　销 全国新华书店等

字　　数 58 千字
开　　本 890 毫米×1240 毫米 1/32
印　　张 4.25
版　　次 2019 年 7 月北京第 1 版
印　　次 2019 年 7 月第 1 次印刷

书　　号 978-7-02-015140-0
定　　价 28.00 元

如有印装质量问题,请与本社图书销售中心调换。电话:010-65233595

序

不论世界如何演变，科技如何发达，但凡养成了阅读习惯，这将是一生中享用不尽的财富。

三民书局的刘振强董事长，想必也是一位深信读书是人生最大财富的人，在读书人数往下滑落的多元化时代，他仍然坚信读书的重要性。刘董事长也时常感念，在他困苦贫穷的青少年时期，是书使他坚强向上；在社会普遍困苦、生活简陋的年代，也是书成了他最好的良伴。他希望在他的有生之年，分享这份资产，让其他读者可以充分使用。

“名人传”系列规划出版有关文学、艺术、人文、政治与科学等各行各业有贡献的人物故事，邀请各领域专业的学者、作家同心协力编写，费时多年，分梯次出版。在越来越多元化的世界中，每个人都有各自的才华与潜力，每个朝代也都有其可歌可泣的故事，但是在故事背后所具有的一个共同点，就是每个传记主人公在困苦中不屈不挠的经历，这些经历经由各位作者用心查阅有关资料，再三推敲求证，再以文学之笔，写出了有趣而感人的故事。

西谚有云：世界因有各式各样不同的人，才更加多彩多姿。这套书就是以“人”的故事为主旨，不刻意美化主人公，以他们的生活经历为主轴，深入描写他们成长的环境、家庭教育与童年生活，深入探索是什么因素造成了他们的与众不同，是什么力量驱动了他们锲而不舍地前行。以日常生活中的小故事来描写出这些人为什么能使梦想成真，尤其在阅读这些作品时，能于心领神会中得到灵感。

和一般从外文翻译出来的伟人传记所不同的是，此套书的特色是由熟悉文学的作者用心收集资料，将知识融入有趣的故事，并以文学之笔，深入浅出写出适合大多数人阅读的人物传记。在探讨每位人物的内在心理因素之余，也希望读者从阅读中激励出个人内在的潜力和梦想。我相信每个人都会发呆做梦，当你发呆和做梦的同时，书是你最私密的好友。在阅读中，没有批判和讥讽，却可随书中的主人公海阔天空一起遨游，或狂想或计划，而成为心灵

知交。不仅留下从阅读中得到的神交良伴（一个回忆），如果能家人共读，读后一起讨论，绵绵相传，留下共同回忆，何尝不是一派幸福的场景！

谨以此套“名人传”丛书送给所有爱读书的人。你们都是世界上最幸福的人，因为一直有书为伴，与爱同行。

目　录

名人传
海伦·凯勒
1880—1968

前言

我看不见，我听不到，我说不出。

我在哪里？我是谁？

朋友，请你闭上眼睛，再紧紧地捂住耳朵，静静地待上十分钟。你感觉到了什么？是漫长的黑暗、沉寂与孤独吗？然后，你慢慢地睁开眼睛，竖起耳朵，忍不住问：“过了多长时间了？”对一个身体健康的人来说，即使短暂的黑暗，也是难以忍受的。假如一生都要在黑暗沉寂的世界里度过，你能想象那是多痛苦的人生吗？

一个不满两岁的女孩，突然被病魔推到黑暗无声的谷底，她惊慌、无助、恐惧，最后却能扭转命运，享受生命的美好。这个女孩就是海伦·凯勒。

美国著名作家马克·吐温曾说过：“十九世纪，世界上有两位伟人。一位是拿破仑，一位是海伦。拿破仑用武力征服世界，却以失败告终。海伦身负残疾，却以宽阔的胸怀、顽强的意志、不屈的精神，获得了世界。”

被称为创造二十世纪奇迹的海伦·凯勒，是一个怎样的人，又是如何走过她八十八年的生命旅程？让我们掀开历史的帷幕，走进海伦的世界吧！

1. 突然的黑暗

1880 年 6 月 27 日，海伦·凯勒出生在美国南部阿拉巴马州的塔斯甘比亚镇。她的祖先是来自北欧的移民，其中有一位还是从事聋哑教育的专家。这让海伦后来在自传里不得不感叹：“命运真是无法预知！”

海伦的父亲亚瑟曾是美国南北战争中南军的上尉，也是塔斯甘比亚镇的大地主。他是一个温厚慈祥的好父亲，也是小镇报纸的编辑。他种的西瓜和草莓不仅令邻居们赞扬，也让海伦念念不忘。海伦的母亲凯蒂是一位善良又富有爱心的贤妻良母。海伦在刚失明的漫长黑暗里，可以说完全是靠着母亲的慈爱和智慧而活下来的。海伦有两个哥哥，还有弟弟、妹妹。

海伦小时候是个非常健康活泼的小女孩，对任何事物都充满好奇心。她个性倔强，聪明灵慧。六个月大，就能发出“茶”“你好”的声音。不到一岁时，就能模仿大人说话，时常引来周遭人们的注目和笑声；刚满一岁就学会走路了。有一天，海伦坐在母亲的膝上，发现了地板上晃动的树影，就突然从母亲的膝上溜下来，用小脚去踩树影子，滑稽的样子令家人又惊又笑。

海伦的家是一栋被茂密树林围绕着、爬满青藤的木屋。屋前屋后一年四季盛开着各种各样的花草。海伦常常摸着长串倒挂下来的铃兰，在紫罗兰和百合花的清香里，听着树上的鸟叫，玩得几乎忘了时间。春天里的各种鸟鸣，夏天里的香甜果实，秋天里的红黄树叶，这满园的自然景色，留给海伦美好的童年记忆。但幸福快乐的时光如此短暂，病魔的魔爪悄悄地伸向海伦。

1882 年 2 月的某一天，海伦突然高烧不止，昏迷不醒。她的父母心急如焚，赶紧请来镇上最好的医生为她诊治。医生判断海伦的病是急性脑炎，摇摇头说：“恐怕无法救治了。”凯蒂听到医生的宣判，抚摸着海伦的额头，难过地哭泣着。她的父亲则是在房间里走来走去，绝望地看着昏迷中的海伦，默默啜泣。他们只能眼睁睁看着爱女被病痛折磨，却束手无策，心中的悲伤与无助，可想而知。神奇的是，两个星期过后，海伦的高烧退了，人也清醒过来，全家人围着她开心地拥抱在一起。

凯蒂激动地吻着海伦的脸，轻轻地呼唤着：“海伦，海伦，你终于醒过来了。”可是，从昏睡中醒来的海伦，眼睛干涩炙热，疼痛难忍，不停地大声哭着，想让母亲抱紧自己。这个时候，只有凯蒂温柔的双手抚摸，才能让她停止哭泣。海伦一声声“痛、痛、痛”的叫喊，令凯蒂心如刀割，却只能用力将女儿抱紧在怀里。有一天，海伦早上醒来，发现自己什么也看不见、什么也听不到了，好像被抛到一个陌生的黑暗谷底。惊恐至极的海伦，在床上蜷曲着身体，不知所措的发呆，连母亲来到床边都没发现……

她再也看不到灿烂的阳光，再也听不到家人的温言笑语了。失去视力和听力的海伦，渐渐地，忘记过去的生活，在黑暗的世界里迷失了生命的方向。渐渐地，她连话也不会说了。美丽可爱的海伦，不到两岁，就失去了视力、听力，以及说话的能力，开始她苦难的人生。可是，

过去那阳光灿烂的日子，怎么会从海伦的心底消失呢？那蓝天白云、鲜花小鸟，都成为海伦的回忆中，对大自然的美好珍藏。

病好后，海伦慢慢地适应黑暗的日子，在家里摸摸索索地走来走去。她会拉着母亲的裙摆，跟着母亲忙里忙外，也常常坐在母亲的膝上，向母亲撒娇，用小手触摸着母亲温柔的脸。天气暖和的时候，她会慢慢摸索着走到院子里，拉拉树叶，闻闻百合花的清香，或者呆呆地望着远方。

凯蒂每天都耐心地拉着海伦的手，教她触摸以识别家里的各种东西，让她慢慢记住什么东西在什么位置。凯蒂努力地将这些生活小事教给海伦，使得海伦对所有的事物充满着好奇心。她想要表达什么时，会用简单的肢体动作来表现。比如：左右摇头时就是“不”；上下点头就是“是”；把母亲的手拉过来是“来”；想要东西吃时，就用手做出抓东西往嘴里送的动作。

到了五岁时，海伦已经能用自己发明的肢体语言与家人沟通了。这种简单的手势超过了六十种，这些手势，当然和凯蒂不厌其烦的竭力教导有极大的关系。正是因为凯蒂不懈的努力，使得海伦慢慢适应着黑暗的世界，身体也健康地成长着。多年后，海伦在自传里这样写着：“在那漫长的黑暗日子里，完全是母亲的慈爱与引导，让我得以保有活下去的信心。”

随着时间的流逝，海伦一天天长大。五岁多，她就已经学会把洗好的衣服叠好，用手触摸来分辨这些衣服分别是谁的，然后帮母亲将叠好的衣服放到衣柜里。每当母亲梳洗打扮准备外出时，海伦就能感觉到。她会拉着母亲的手，请求母亲带她一块儿去。家里有亲朋好友来访时，海伦也总是被叫出来与客人见面问好；感觉到客人要离去时，海伦就会站在客厅门口，不停地挥舞着小手表示再见。因为每天跟随在母亲身边，海伦非常清楚母亲的日常生活习惯，就连母亲梳洗、化妆、穿衣，她都会跟着触摸。有时，海伦隐约感到家中有贵客来访，就会兴奋地来到母亲的房间，站在镜子前，摸索着模仿母亲往头上擦油，往脸上抹粉，再穿上母亲的长裙，戴上面纱，滑稽可爱地去楼下见客人。

海伦慢慢感觉到自己与周围的人不一样，让她非常困惑。由于看不见、听不到、说不出，海伦只能用手触摸和感觉周围的人事物。当她感觉到母亲与别人交谈时，嘴巴会不停地张开、合上，她就用自己的小手一次次摸着母亲的嘴巴，然后自己也学着张口、闭口。但由于发不出正确的语音，得不到别人的回应。这时，海伦就会扭动着四肢，或者对着身边的人又踢又撞，以发泄心中的不满。

年幼的海伦，不知道该怎样去和外面的世界沟通，怎样才能和周围的人一样。在绝望中，她只能靠着哭闹、靠着拳打脚踢，发泄自己心中的焦虑恐惧。在这样无望的童年里，海伦的朋友和玩伴，就只有家里厨娘的女儿玛莎和老猎犬贝利了。玛莎和母亲一起住在海伦的家里，她是个有着一头鬈发的黑人女孩，虽然身为佣人的孩子，但因为年幼天真，所以能和身为主人的海伦玩在一起。因为每天的朝夕相伴，玛莎比别人更能看懂海伦的手势。玛莎虽然年长海伦三岁，但面对这个发起怒来犹如一头非洲狮子的小主人，她总是让着她。没办法，家里人从上到下都因为同情海伦的不幸遭遇而容忍她的任性。偶尔玛莎不听海伦的使唤时，也会招来海伦小拳头的攻击。不过两个人很快就会忘记不高兴的事情，又玩在一起。

海伦和玛莎有时候会去厨房玩过家家，揉面团，做冰激凌，或者是到院子里的花丛深处找母鸡下的蛋。不论是粮仓还是乳牛场，都留下了海伦和玛莎快乐玩耍的足迹。她们会因为好奇而去拽牛的尾巴，惹得牛生气地大叫。

有一次，两个人偷偷地把刚烤好的蛋糕拿到院子里，坐在柴堆上全部吃光，结果吃得太饱，晚上又吐又泻，非常狼狈。又有一次，海伦和玛莎玩剪纸游戏，玩得时间久了，两个人都有些倦了，接着要玩什么呢？海伦突然拿起手中的剪刀，往玛莎满头的鬈发剪了下去，玛莎原本还想抵抗，但最后还是任由海伦将自己的头发剪得乱七八糟。为公平起见，换玛莎拿起剪刀，也准备把海伦的头发好好修剪修剪。在玛莎剪下第一刀后，幸亏凯蒂看到，及时制止，不然海伦美丽的头发可就保不住了。

玛莎像一个小天使，带给海伦的童年许多快乐。家中的老猎犬贝利，就不像玛莎那样能陪着海伦玩各种游戏了。有时，它会听话地跟在海伦的后面转来转去；有

时，任凭海伦怎么逗它，它就是不理不睬，慵懒地躺在暖炉边睡觉。再怎么顽皮捣蛋的海伦，在贝利面前也逞不了威风。

海伦生性聪明，她经常顽皮地恶作剧，令家人大伤脑筋，但是谁也拿她没办法。海伦的父母因为对女儿遭受疾病的折磨深感亏欠，所以对海伦格外包容宠爱，还要求家人不要责备海伦。有一次，海伦为了将被水溅湿的衣裙烘干，而太过接近壁炉，结果不小心引燃了衣裙。她吓得大叫起来，幸亏家里的老奶妈及时发现，扑灭了火，海伦才没有受伤害。

海伦曾跟着母亲去过几次食物储藏室，她感觉到母亲取完东西，从储藏室出来后，总会用一把大锁将门锁好才离去。于是，她的小脑袋开始转动，想着要怎么恶作剧。有一天，海伦知道母亲前往储藏室，就悄悄地跟在母亲背后，等母亲开门进去，她就迅速地将大门锁上，然后假装没事地坐在门前地石阶上，感觉着被锁在储藏室里的母亲用力拍门的震动，从地面阵阵传来。海伦为自己成功地作弄母亲而洋洋得意。几个小时后，家里的佣人开了锁，海伦的母亲才出了储藏室，海伦这时早已溜回自己的房间去了。这个每天都在想法子恶作剧的小顽皮，真是让海伦的父母大伤脑筋。

父母的过度纵容，加剧了海伦的任性脾气。管也不行，不管也不行，眼看着快满六岁的海伦还是这样顽劣不减，让人操心费神，凯蒂和亚瑟私下里商量着，该找个家庭教师来管教女儿了。

2. 命运的相遇

经过几番商量后，凯蒂和亚瑟决定先在当地找一所适合海伦的学校。但是，找来找去，海伦居住的塔斯甘比亚小镇附近，根本就没有这样的学校。就算他们想聘请家庭教师，也没有人愿意来到这偏僻的南方小镇，教一个残疾的孩子。而且，尽管凯蒂和亚瑟想让女儿受到良好的教育，周围的亲朋好友却都不相信海伦有接受教育的能力。在大家的眼中，海伦是个性格孤僻任性、被宠坏而无可救药的顽童。

不管旁人怎么想，凯蒂和亚瑟始终没有放弃让海伦求学的念头。有一天，凯蒂偶然间翻看一本书，在书中看到了有关此类儿童教育的记载：有一个和海伦一样情况的少女萝拉，在教育专家郝博士的指导下，学有所成。凯蒂兴奋地跑到亚瑟身边，指着手中的书说：“你快看看，我们的海伦如果能得到郝博士指导的话，就有接受教育的希望了。”亚瑟听了，马上四处去打听郝博士的消息，但令人失望的是，郝博士早已去世多年了。亚瑟不死心，又多方打听能治好盲人的眼科名医。“哪怕是能让海伦看到微弱的一线光明也好。”

亚瑟四处打探，终于打听到一位住在巴尔的摩、医术精良的眼科医生，于是，凯蒂和亚瑟马上带着海伦前去求医。对六岁的海伦来说，第一次远行，让她既好奇又兴奋。她在火车的车厢里走来走去，和不认识的旅客们打着招呼，东碰碰西摸摸，直到火车抵达巴尔的摩车站，她居然都没有乱发脾气，这令父母大吃一惊。巴尔的摩的名医齐夏姆热情地接待了海伦与她的父母。帮海伦做了详细的眼部检查后，齐夏姆医生表示，以他的医术无法治疗海伦的眼疾。不过，他倒是建议海伦的父母带着海伦去找华盛顿的聋哑教育专家贝尔博士谈谈，或许能有一线希望。齐夏姆医生坚定地对亚瑟说：“海伦即使治不好眼睛，也可以接受教育，你们要有信心！”海伦的父母只好怀着半信半疑的心情，带着女儿前往华盛顿，去向贝尔博士求救。

亚历山大·贝尔博士是十九世纪美国有名的发明家。他不仅是电话的发明者，还是聋哑教育专家，更是一个热心社会福利的慈善家。贝尔博士是海伦生命中至亲至爱的朋友。海伦后来在自传里写道：“与贝尔的会面，成为我生命的转折点。使我获得了开启生命从黑暗到光明，从孤寂的个人世界到有爱世界的密码，让我触摸到了通往知识的门窗。”当海伦坐在贝尔博士的膝上时，命运之线便从此将他们两个紧紧地连在一起了。

在贝尔博士的帮助下，波士顿有名的帕金斯盲人学校校长安纳诺斯，经过几番物色，终于为海伦找到了一位合适的家庭教师，她就是帕金斯盲人学校的优秀毕业生——安妮·莎利文。海伦的父母高兴极了，天天盼望着安妮老师的到来。海伦虽然不知道即将要发生的事，但她也感受到了父母的喜悦之情。

当年仅二十一岁的安妮，在办公室接过安纳诺斯校长递过来的信时，感到有些紧张。海伦父亲诚挚期盼的求救信，字字如箭，射在了安妮的心上。这么一个不幸的小女孩，她是多么需要生命的希望呀！海伦幼小无助的身影和她父母亲四处求援的爱女之情，令安妮一边读着信，一边流着感动的泪水。想到自己小时候患病曾经失明的痛苦和悲惨身世，安妮默默地在心里下了决定。她握着手中的信，略微不安地对校长说：“校长，我决定去当海伦的家庭教师，但是我可以胜任吗？我没有任何的经验，如果失败了怎么办呢？”

“安妮，虽然这是一个艰难的工作，但是，我相信你一定会做得很好。”安纳诺斯校长伸出他那双宽厚的大手，紧紧地握着安妮的手，鼓励着面前这位帕金斯盲人学校的优等生。

“阿拉巴马州？啊！那可是个很不方便的乡下地方哪！”“又盲又聋又哑的小女孩怎么教呀？”“安妮，为了帕金斯盲人学校的名誉，你要努力呀！”尽管周围的朋友们意见不同，却丝毫没有动摇安妮担任海伦家庭教师的决心。她带着老师和同学们的祝福，告别了波士顿，踏上了开往南方阿拉巴马州的列车。经过三天颠簸的旅程，安妮终于抵达了海伦的家乡——塔斯甘比亚镇。

1887 年 3 月 3 日，海伦六岁零九个月的时候，安妮终于从遥远的波士顿，如约来到了阿拉巴马州，与海伦相遇了。对这个年仅六岁多的残疾女孩而言，从这天起，她就像走出了古老的埃及，站在西奈山的面前，一时灵感触及她全身的每根神经，有奇幻的美景在她的脑海里横波荡漾。她仿佛听到了先知的声音："知识给你爱，给你光明，给你智慧。"从那一天起，海伦的命运就和安妮紧紧相连。安妮是怎样的一个人呢？

1845 年到 1848 年间，欧洲爱尔兰地区的农业连年歉收。饥饿的农民开始成群结队地背井离乡，逃向北美新大陆。1860 年，安妮的父亲托马士和母亲爱丽丝，也逃难到美国。但是，因为托马士没有什么手艺，只得靠打零工维持生活，日子过得很艰困。后来，由于常常找不到工作，托马士渐渐失去了劳动的热情，整日沉溺在酒精中。

安妮是托马士与爱丽丝的长女，1866 年 4 月 14 日出生于马萨诸塞州的一个乡村小镇。爱丽丝染上了慢性肺结核病，身体虚弱，病情日渐严重。安妮三岁的时候患上了沙眼，因为没钱看医生，眼疾日益加剧，渐渐看不清东西，得拄着拐杖摸索才能行走。托马士带着安妮去看过几次小镇的医生，但都只拿到一瓶眼药水而已，并没有什么疗效。安妮常常因眼睛疼痛而哭闹，父母也只能唉声叹气却无能为力。没有钱带安妮去看好医生，托马士的内心也感到难受郁闷，酒就喝得更凶了。安妮有四个弟弟妹妹，但存活下来的，只有妹妹马丽雅和弟弟吉米。吉米出生后不久也染上结核病，只有马丽雅是个健康的孩子。

也许是因为身患眼疾，又得不到父母的宠爱，安妮变得越来越焦虑暴躁，经常乱发脾气。她听不进任何稍有责怪的话语，用嘶喊、怒叫和摔砸东西来抵抗对黑暗的恐惧。每次这样乱发脾气的后果，都是遭父亲痛打。父亲的打骂，令安妮更激烈地砸东西来反抗，父亲对她也失去了耐心，不再理会安妮。只有病弱的母亲，时常为安妮感到难过。安妮八岁的时候，长期积劳过度的母亲，撒手人寰，离开了她挚爱的儿女。

爱丽丝去世后，因托马士无力抚养三个年幼的孩子，亲戚们决定将安妮的弟弟和妹妹寄养在叔叔家，安妮和父亲则在另一个亲戚家帮佣维生。托马士偶尔心情好的时候，会讲些爱尔兰的神话故事给安妮听，但大多时候，他总是烂醉如泥，连工作也顾不了。后来，亲戚们只好将无可救药的托马士赶了出去，又将身体有病的安妮和吉米，送到了救济院，只有健康乖巧的马丽雅被一个亲戚收留下来。

这所救济院坐落在偏远的荒野里，是一栋阴森破旧的两层建筑。一进去，管理员便将安妮和吉米分配到男女不同的寝室。“我不能和弟弟分开住，吉米有病，没有拐杖不能行走。他生活不能自理，我不陪他的话，他就会死掉的。”安妮紧紧抓住弟弟的手不放，大声哭喊哀求着。无奈之下，管理员只好将这对相依为命的姐弟，安排在一间昏暗又肮脏的大房间里。这间房间收容了各种身患疾病又无家可归的老妇人，每天靠少量的粗食维持生命，等待死亡的召唤。安妮觉得这里死气沉沉，就像地狱一样。

尽管环境如此恶劣，但是能和弟弟在一起，安妮还是感到很幸福。有一天半夜，安妮睁开眼睛，习惯性地把手摸向隔壁床，发现吉米不见了。她摸索着来到旁边停放尸体的房间，找到了吉米早已冷硬的尸体。悲痛难忍的安妮，立刻大哭起来。凄惨的哭声，惊醒了同屋的几个老妇人，她们费力地将安妮拖回房间，不停地安慰她。大哭之后，安妮找到几朵干枯的野花，放到弟弟身上，然后抱着他的脸亲了又亲，才依依不舍地回到房间，呆坐在床上。安妮摸着身旁吉米睡过的空床，悲伤地自言自语："最亲爱的弟弟也离开我了，从此我真的是孤独一个人了。"

住进这家救济院一年多后，常来这里传教的神父巴巴里，对这个总是跟在他身边的小女孩感到很同情，决定送她去慈善机构的医院，做眼科手术治疗。尽管手术没有成功，但安妮的眼睛不再那么疼痛了。而且，在强烈光线的照射下，也会稍微有些感觉。出院后，安妮被送到巴巴里神父的朋友布朗家寄养，不久眼痛又复发，再度被送进医院治疗。出院后，因布朗家不愿意继续照顾，安妮只好回到救济院。

安妮一直渴望上学读书，但在救济院里的孩子，永远没有这样的机会。有一天，以桑伯为团长的议员调查团，来救济院进行政府福利施行情况的调查。安妮一直跟在调查团的后面打转，当调查团准备离开时，安妮鼓足勇气，跑到团长桑伯的面前，大声地哭喊着："我的眼睛看不见，但我要去学校读书。”不久，救济院接到波士顿帕金斯盲人学校的入学通知书，安妮可以进入该校就读了。“安妮，从来没有人能活着走出救济院，你要听老师的话，好好读书，再也不要回到这里来了。”救济院里那些孤苦伶仃的老妇人们，怜爱地叮嘱着即将离去的安妮。

1880 年 10 月，安妮如愿以偿地进了帕金斯盲人学校，成为那里的新生。这个时候，在遥远的塔斯甘比亚小镇，三个月大的海伦，正带给父母无限的快乐。

在帕金斯上学的第一天，老师问比其他同学高出很多的安妮说：“安妮你几岁了？”“不知道。”安妮不安的回答令同学们哈哈大笑。十四岁的安妮，在这群平均年龄才九岁的同班同学中，显得有些格格不入。大家好奇地问安妮从哪里来的，由于不想让同学们知道自己是个无家可归的孤儿，安妮还是用一句“不知道”来回答。不论是学习还是日常生活礼节，和同学们相比，安妮都显得粗鲁无知。因为从没学习过，刚开始上课时，她连简单的盲文拼写也不会，常被同学们耻笑。但是，安妮在心里暗暗地发誓，一定要认真学习，为自己争一口气。于是，她废寝忘食，

不久，成绩就遥遥领先其他的一年级新生了。

课堂上，安妮总是不断向老师提出问题。面对这样一个进步神速又好学的学生，有的老师开始觉得应付不了。例如数学老师就因为安妮频繁地发问而有些心烦，故意对安妮说："安妮，你的脑袋上长了几只眼睛呀？这样枯燥无聊的问题，你为什么总是要反复问？"安妮面对老师带着嘲笑语气的询问，机智地回答："学好数学可以使头脑聪明，克服顽固的偏见。老师教了多年的数学，可是好像并没有变得聪明耶！"数学老师被安妮的回答堵住了嘴，不知道该说什么来反驳。

由于安妮时常顶撞老师，有的老师向安纳诺斯校长建议将安妮退学，以示处分。但是，校长和大部分的老师觉得还是必须耐心地教导性格颇为叛逆的安妮，用爱来感化她那颗冷硬孤独的心。由于校长及老师的包容，安妮得以安稳地在帕金斯盲人学校完成学业。安纳诺斯校长用宽大的胸怀，包容安妮所有触犯校规的行为，他发现并诱导着安妮的才能和求知欲望。舍监霍布舍夫人则像母亲一样，全心全意地照顾着安妮。学校的寒暑假期间，她就会把无家可归的安妮接到自己家里居住。在周围师友的关爱下，安妮冷硬的心终于变得柔软。她逐渐学会了包容和忍耐，改变了任性急躁的脾气，成为一个充满爱心的少女。

在帕金斯盲人学校读书期间，安妮又做了一次眼科手术，结果非常成功。她可以用很微弱的视力看书读报了。

1886年，安妮二十岁的时候，从帕金斯盲人学校毕业了。那天，安妮以优异的学习成绩，被选为毕业生代表，在众多的来宾面前，她镇定自信地上台演讲："我们即将踏入社会，参与创造更美好更幸福的世界。今后，我们还要不断学习充实自己，为社会奉献我们的青春和生命。"安妮简洁的演讲，获得了所有来宾及老师们热烈的掌声。

毕业后，安妮面临走进社会、独立工作的问题，但她要找到合适的工作不太容易。就是在这个时候，校长安纳诺斯收到了海伦父亲寻找家庭教师的来信。当安妮从校长手中接过海伦父亲的来信后，对是否接下这份工作，还犹豫不决。她没有信心能做好海伦的家庭教师。在校长不断鼓励下，安妮查阅了大量有关儿童教育的资料，拟定了教学提纲，终于决定担任海伦的家庭教师。

1887年3月的一天，美国南方海伦的家乡已是春暖花开，北方的波士顿却仍旧大雪纷飞。安妮带着学校同学们为海伦赶做的布娃娃、几本盲文书等简单的行李，在老师和朋友的目送下，登上了开往阿拉巴马州的火车……

安妮怀着不安的心情，走下了列车。黄昏的小镇车站，空气中充满着祥和的暖意。海伦的母亲凯蒂看到安妮，便热情地迎上前来，说："为了你的到来，我们全家人天天盼望着。今天我们一大早就赶到车站，已经等了好几班列车了，真高兴你能来。"凯蒂握着安妮的手，温和有礼地问候着略感疲倦的安妮。真是个美丽又善良的母亲呀！安妮望着面前的凯蒂，让她初来陌生小镇的紧张情绪，舒缓了不少。

马车载着安妮，驶向海伦的家。庄园的门口，海伦的家人们都在那里等着。"啊，欢迎你，安妮小姐。"亚瑟大步迎上来和安妮紧紧地握着手。"海伦呢，海伦在哪里？"与亚瑟问候过后，安妮亲切又急迫地寻找着海伦的身影。其实，海伦从今天早晨起床后，就一直感觉到家里有客人要来。此刻，她正站在屋外长廊的石阶前，静静地等着要来的人和即将发生的事。

随着亚瑟手指的方向，安妮看到了独自站在台阶前的小海伦。安妮急步走上前，一把抱住海伦，亲热地唤着：“海伦，我的小海伦。”当安妮想亲吻怀中的海伦时，海伦猛地从安妮的怀里挣脱而出，有些惊慌地跑到一边，待着不动。海伦这突然的举动，令安妮有些不知所措。凯蒂充满歉意地对安妮解释说：“对不起，让你受惊了。海伦除了我之外，从不让别人亲吻她的。这个孩子生病后就变得很怕生。”

海伦的哥哥，心里暗笑着：“啊，就这样一个和我年龄差不多的家庭教师，难道能收服得了我家这个小恶魔吗？”亚瑟微笑着对安妮说：“这就是我淘气的女儿海伦，也是你的学生，期待你能教好她。”海伦父母脸上流露出对女儿的宠爱之情，使安妮隐约知道要教育这个被宠坏的学生，恐怕不是那么简单。不过，安妮心里想，海伦一定是个健康又好动的小女孩；反应敏捷的她，也一定是个脑筋灵光的小鬼灵精。安妮的思绪，此刻被初次见面的海伦

翻搅得起伏不定。

海伦对于和安妮的相遇，在自传中这样写道：“在未接受教育之前，我像正在雾中航行的船，既没有指南针，也没有探测仪，更不能知道海港近在眼前。我在心里无言地呐喊着——太阳，太阳在哪里？请你给我拨开云雾！恰恰在这个时候，爱的太阳光向我射来了。”

安妮被带到二楼早已备好的房间。海伦也随着母亲走上楼去，悄悄地溜进了安妮的房间。她淘气地动手打开安妮的旅行箱，一件件摸索着，想找些好玩的东西。翻来覆去地找了半天，感到没什么她感兴趣的东西后，海伦开始烦躁，于是把安妮的东西乱丢，毫无理由地发起脾气来。

安妮一直默默观察着海伦的行为，她发现海伦的情绪变化多端，没有一刻能静下来。安妮没有斥责海伦的无理取闹，只是想着：“多可怜的海伦，她在一个看不见、听不到、说不出的黑暗深渊里，我该怎么帮助她呢?”夜里，安妮躺在床上辗转难眠。突然，她对自己说：“从今以后，我要和海伦一样待在黑暗里，与她一起快乐、一起痛苦。哪怕是一点点的幸福，我也要帮助海伦去感受。为了海伦，我要将一生奉献给她！”安妮在心中，默默地立下这项重大的誓言。

第二天起床，吃过早餐后，安妮带着海伦来到自己的房间，从手提袋里拿出布娃娃交给海伦。海伦马上开心地玩起了布娃娃，安妮趁机拉起海伦的小手，在掌中慢慢地用手指写着“doll”（布娃娃）这个词。充满好奇心的海伦，马上也模仿着在安妮的手掌上写着“doll”，反复拼写了好几遍，然后兴奋地跑去找母亲凯蒂，拉住她的手，拼写给她看。

当时，海伦还不知道世界上有文字的存在，也不知道自己在拼词，只是觉得好玩，就跟着安妮每天在彼此的手掌上写来画去。

那是安妮来到海伦家任教的第六天早晨，和往常一样，全家人齐聚到餐厅吃早餐。海伦自从失明失聪后，变得任性顽皮，从来就不守餐桌上的礼节，自己喜欢吃的食物就用手抓着吃，即使面前放着刀叉等餐具，她也不用。家人因为疼爱她，谁也不去强迫她使用餐具用餐。每当吃饭时，海伦就用她嗅觉灵敏的鼻子，闻自己喜欢的食物。

碰到想吃的，就围着餐桌转来转去，顺手去抓别人盘中的食物。

这几天，安妮不动声色地将海伦的行为看在眼里。或许是父母过度的包容，海伦并不知道自己的行为是多么的失礼，照样我行我素。可是，那天早餐，安妮再也忍不住了。当海伦把小手伸进安妮的餐盘里时，安妮立刻把盘子迅速挪开。海伦因为没抓到食物而大吃一惊，她第一次在餐桌上抓食被人拒绝，这让她非常生气，任性地再次伸手去抓，安妮这时毫不留情地将海伦的小手压住。两个人僵持了好一会儿，海伦恼羞成怒，大哭大叫，将餐桌上的刀叉、餐巾四处乱扔，又敲桌子又踢安妮的坐椅。凯蒂和亚瑟看到女儿伤心大哭的样子，心一软，就恳求安妮说："老师，请你原谅海伦年幼无知的行为吧。她还是个孩子，想做什么就让她做吧。"安妮一边看着哭闹不休的海伦，一边对凯蒂和亚瑟说："这是很重要的教育，应该让海伦知道她的行为是错误的。"

看着僵持不下的海伦和安妮，家人们只好陆续离开了餐厅。安妮起身将餐厅的门锁上，坐下来和海伦对峙着。

海伦要赖地躺在地板上又滚又踢，安妮几次把她拉起来，她又故意躺着不起来。十分钟、二十分钟、一个小时、两个小时……海伦闹得有些饿了，爬起来想去拿餐桌上的食物吃。安妮先让海伦端坐在椅子上，然后把刀叉放到海伦的手里，却被海伦扔到桌子上。安妮拿过来，再让她握住刀叉，一遍、两遍……安妮不断坚持着要海伦学习使用餐具。海伦想离开，便去推餐厅的门，却发现门早已被锁住了。这时海伦才知道，餐厅里只剩下安妮和自己，没有家人可以依靠了。想吃饭，想离开餐厅，不能不服从面前这个陌生人。

筋疲力尽的海伦终于乖乖地听从安妮的教导，规矩地坐在椅子上，学着用刀叉将早餐吃完。她又花了一个多小时，练习将自己用过的餐巾整齐地叠放在餐桌上，这才结束与安妮的第一场较量。当安妮和海伦走出餐厅时，海伦的父母不安地看着她们。海伦好像忘记刚才的哭闹大战，快乐地到花园里玩耍去了；安妮则是身心俱疲地回到二楼的房间内休息。

想到这几个小时与海伦的对峙，安妮不由得思考：我多想一下子就让海伦变成一个懂事知礼的人，可是，她还是个不到七岁、失去视觉和听觉，无法和人交谈的孩子呀！怎样才能把海伦教育好呢？安妮第一次感受到担任海伦家庭教师的难处。但是，海伦直率的性格和敏捷的思考力，都令安妮感到欣慰。既然如此，那就先培养她的爱心吧。安妮在心中默默想着："海伦，对不起，老师有些性急了。今后要慢慢地引导你去认识各种事物，让你感受到老师的心意，你一定能成为一个好孩子的。"海伦的笑声从楼下传来，让安妮的心中升起了一股自信和爱，阳光从窗外照射进来，让人感觉温暖而舒适。

午餐时，当凯蒂和亚瑟看到女儿乖乖地坐在椅子上用刀叉吃饭时，惊喜地四目相望。其他的家人也不敢相信，从前那个跑来跑去、一刻也无法安静下来的海伦变成眼前这个规规矩矩、胸前别着餐巾、用刀叉优雅地吃着自己盘中食物的小女孩。安妮趁机向凯蒂和亚瑟请求："请让海伦和我单独住到别处吧！我想让海伦从头开始学习日常生活的礼节。对于新的生活习惯，她还不能坚持下去。如果和大家一同生活，不用几天，海伦还是会变回像从前一样的任性。请给我一个月的时间，让我来帮助海伦学习简单的生活规矩，并遵守与别人共同生活的习惯。”

“不行，一个月的时间太长了。海伦还是个孩子，她忍受不了的。”亚瑟无法同意安妮的请求，一口回绝了她。因为亚瑟实在舍不得让海伦哭泣，早餐时海伦和安妮的对峙，就已让他快无法忍受了。但是，安妮知道，要想把海伦教得和正常的孩子一样，就必须先从日常的生活习惯上改变，如果一味地放任宠爱，只会影响海伦精神上的成长，让她即使身体长大了，但精神年龄也永远是个无知的孩子。

凯蒂悄悄地对亚瑟说：“你不是看到海伦已经有些改变了吗？就让安妮试试吧。”安妮也对亚瑟恳求说：“请给我三个星期试试看吧。”“不，我给你两个星期，如果两个星期后海伦还不能习惯，请考虑放弃你的教育方式。”亚瑟用斩钉截铁的语气回答安妮。两个星期？只花两个星期就可以让任性多年的海伦改掉坏习惯吗？安妮看着亚瑟摆出一副无可商量的态度与凯蒂满心期待的目光，心一横，伸出手与亚瑟握一握，说：“就两个星期吧！请相信我和海伦。”

第二天，安妮便带着海伦搬到花园里一栋独立的房子内，开始一对一的训练生活。

起床的时间到了，海伦还赖在床上不动，但安妮可是不会让步的。她强行拉着海伦起床，海伦开始尖叫哭闹，挥舞拳头；安妮用力抓住海伦的双手，任她哭喊。十几分钟过后，海伦累了，也发觉无法抗拒安妮的命令，只好乖乖起床，再照着安妮的教导，将自己的棉被叠好，一遍、两遍、三遍……直到安妮满意为止。

早餐送来了，安妮与海伦坐下来准备用餐。海伦原本拿起刀叉却又放下，想直接伸手去拿盘里的食物。安妮便把餐盘移开，将刀叉放在海伦的手里，再把餐盘移回海伦面前。海伦非常生气，用力地把刀叉一扔，就想跑出去，门却被锁上了，她只好不断地踢门抗议着。早餐渐渐凉了，安妮也没用餐，她在一旁看着海伦，知道自己现在绝不能心软，也不能被海伦的哭闹吓退。不坚持下去，海伦就没办法进步，成为一个有礼貌的好孩子。

几个小时过去了，海伦闹得又累又饿，呆呆地坐在门边的地板上。安妮压抑着心中的不舍，向海伦走过去，把她拉起来，带回餐桌旁坐好。这次海伦没有抗拒，她顺服地将刀叉拿起来开始用餐。安妮喝着凉了的番茄汤，眼里却涌起一阵热意。用餐完毕，海伦也按照安妮的指导，将餐巾叠好，把刀叉放到空盘内，每件事都做得有条不紊。安妮看了很开心，也很感动，她心想："多可爱的海伦！"她牵起海伦，和她一块儿玩布娃娃的游戏。

到了就寝的时候，安妮和海伦又发生一场冲突。原来海伦除了母亲之外，从没和其他人同床共寝过。她不习惯和安妮一块睡，就站在地板上坚持不上床。安妮把海伦抱上床，海伦就跳下去，安妮再把海伦抱上床，海伦又跳下去，就这样反反复复，折腾了两个多小时。终于，安妮制服了海伦，让她乖乖地躺下，望着身边熟睡的小海伦，安妮也疲倦地睡去。从此，这两个原本距离遥远的陌生心灵，慢慢地彼此靠近，最后相偎相依。

安妮和海伦从那天起，便吃在一块、玩在一块，朝夕相处。安妮把日常生活中的规矩一一教给海伦，耐心地训练她；而聪明的海伦，也慢慢地领悟老师的用心，努力学

习。安妮还在海伦的手掌上写字，教她日常会话的单字，短短几天，海伦已经能记住十几个单词了。虽然有时海伦会哭着要找妈妈，但被安妮拒绝后，她也能不哭不闹，乖乖地去玩自己的布娃娃。而海伦的父母则是始终放心不下，日夜牵挂着海伦的情形。

第五天早上，亚瑟终于忍不住了，于是带着老猎犬来看望海伦。当他看到原本蹦蹦跳跳的海伦，竟能安安静静地与安妮玩着布娃娃，不禁脱口而出："了不起!"海伦发现爸爸来了，开心地扔开手中的布娃娃，跑到父亲的怀里撒娇，没多久又坐在猎犬贝利的旁边，在它的脚掌上写着"doll"这个词。安妮向面露惊讶之色的亚瑟解释说，海伦是在教贝利记住"doll"这个词，又说海伦非常聪明，已经能记住十几个日常生活使用到的单词了。"是吗?"亚瑟听到海伦的进步，非常感动，眼中闪耀着激动的泪光，不断向安妮道谢。

在与安妮单独相处的两个星期里，海伦逐渐减少发脾气的次数，也能够安静下来，长时间地玩某一种游戏了。她经常和安妮手牵着手一起到花园散步，摸摸树叶、闻着花香，或自然地坐在安妮的膝上向她撒娇。海伦关闭已久的心房，正慢慢地打开。等安妮带海伦回到分离两周的家人面前时，每个人都很难相信，眼前这个乖巧、安静又有礼貌的小女孩，就是顽皮捣蛋的海伦。尤其是海伦的父母，对女儿明显的改变，更是感到惊喜与安慰。

4 月初，阿拉巴马州正是春光灿烂的季节，花园里的藤架上，开满了芬芳的金银花，不知名的小鸟在树上又跳又唱。海伦每天在花园里，抱着布娃娃南希开心地玩着。而安妮正准备在海伦生命的春天里，播撒知识的种子。

海伦不懂安妮为什么将两个大小不同的布娃娃，都称为“doll”，她觉得只有南希才叫布娃娃。另外，她也搞不清“水”和“水杯”的区别到底在哪里。所以，不论安妮怎样在她的手掌上画来画去，海伦还是不明白。有一天，海伦终于生气了，她将安妮新缝给她的布娃娃用力撕破，再摔到地板上。海伦不觉得自己的行为有什么不对，布娃娃对她来说只是个玩偶，一个不需要付出爱心的玩偶。海伦的灵魂，仍徘徊在黑暗的谷底，没有温情，也没有爱怜。安妮没有责怪海伦，只是默默地将被撕碎的布娃娃收拾起来。她知道，海伦是因为不能理解水和水杯的词义，才发这么大脾气的。“海伦，我们到花园里散散步吧！”为了让海伦换换心情，安妮决定带她出外走走。

阳光温暖地照在园子里的花草树木上，明亮的春天，到处都是生机蓬勃。安妮牵着海伦，两个人悠闲地沿着小路散步，不知不觉走到了水井边。安妮突发奇想，把海伦的小手牵到出水口下，让一道清凉的水流穿过海伦的掌心，安妮立刻在海伦的另一只手上，一次又一次地拼写“water”（水）这个词。然后，又将井边的一只杯子盛满水，让海伦一手端着这个装满水的杯子，往另一只手上倒下去。冰凉洁净的井水，就这样流过了海伦的指间，流入了她的心田。刹那间，灵感涌现，在海伦的脑袋里窜来窜去。海伦静静地待在水井旁，心灵困滞许久的窗户，好像忽然被人打开。她终于了解，原来和安妮争执不休的水，就是刚刚从自己指间流过的那个冰凉神秘的东西，也是自己刚学会说话时，经常开口发声的“wa...wa...”。

海伦后来在自传中写道：“水唤醒了我的灵魂，引导我走向另一个充满光明、希望、快乐和自由的新世界。”

心灵被水唤醒，激发起海伦无穷的求知欲望，宇宙万物的每一样事物的名字，她都想了解。她不停地要求安妮在自己的手掌上拼写新的单词：脚下的土地、老师、妹妹、母亲、父亲、树木、花草等，三十多个人名、物名，一股脑儿地涌进海伦的脑袋里。

回程的路上，海伦感觉每一项可触摸的东西，都仿佛有了生命。回到家后，她想起被她撕坏的布娃娃，摸索着找到床边布娃娃的碎片布条。海伦颤抖着小手，想把布娃娃拼好，但怎么样也无法把它变回原本的样子。这时，她才感到深深的后悔，抱着破碎的娃娃，难过得掉下眼泪。这是她生平第一次发自内心的忏悔。

那天晚上，小海伦躺在床上，翻来覆去睡不着觉。她想到白天流过手中的水，想到那么多记在脑袋里的名字，就感觉到周围的世界正亲切的向自己招手。“啊！明天，明天我会记住更多名字！”无比的欢喜载着海伦进入梦乡。

安妮站在床边，看着微笑入梦的海伦，心里涌起满满的怜爱之情。想到白天在井边让海伦了解到水的经过，就有无限感慨。是呀！海伦终于知道要怎样去学习，开始懂

得用心去体会、记住万事万物的名字与词义，而不是一味地死背硬记了。“海伦，让我们一起走进文字的花园，去采撷更多的美丽与惊奇吧！”安妮一边弯下身来，亲吻海伦的额头，一边在心里下了带领海伦走进文字世界的决心！

3. 文字的世界

自从海伦被清凉神秘的水开启了心灵之眼后，接下来的每一天，她不断用手去触摸周围的世界，兴奋地记住它们的名字，以此来修补与自己隔离太久的外面世界。她的学习欲望很强，时时都想和别人交流，也不断向安妮提出各种她不了解的问题。她亟欲填补失明失聪后而一片空白的脑袋。

转眼间，短短的几个月过去了，海伦已经记得六百多个单词的意思了。她试着用这些单词组成句子，并模仿大人那样写信给堂哥。有一天，海伦在安妮的手上写着："老师，我写了一封信给弗兰克，请帮我寄给他。"安妮看到海伦手中拿着一张用针乱刺着许多小洞的信纸，忙问道："这些是什么意思？"海伦回答说："这是海伦在散步，这是小狗和狗妈妈，这是爸爸种的草莓，好吃。"海伦兴高采烈地描述着。

安妮兴奋地拉过海伦的小手，在她的手上写说：“请拿面包给我吃。”海伦马上领会了意思，摸索着去厨房拿来了面包。安妮又拿出一盒点心，让海伦先摸一下，然后藏起来，让海伦找。海伦非常开心地和安妮玩起这种捉迷藏的游戏，满屋子地摸着找着，但是，找了半天也没找到。突然间，海伦灵机一动，笑着来到安妮面前，用手指着安妮的肚子，并写着：“点心都被老师吃到肚子里去了。”安妮不禁被海伦聪明有趣的想法逗得笑了起来。海伦虽然进步很快，但急躁不安的性格还是时常发作，对于自己不喜欢的事物，总是马上抵抗拒绝。安妮有时会做出难过的表情，让海伦的小手感触难过是什么；有时会做出高兴的表情，让海伦来感触快乐是什么。

当感觉到海伦仅靠手指画写来学习已不够时，安妮便开始教海伦学习点字盲语。她拿出从波士顿带来的点字盲文卡，教海伦通过触摸来识辨字义。点字盲文卡，就是在硬纸卡上印刷着凸起来的英文字母，专供盲人学习使用，这也是带领海伦打开文字世界的钥匙。充满求知欲望的海伦，短时间内，就记住了大小写的二十六个英文字母。接下来又开始触摸盲文印刷读物。她一边摸着一本盲文动物故事书，一边回忆着自己脑海里的单词。当她发现自己能够理解这本童话书的内容时，非常兴奋。

有天晚上，安妮来到海伦的房间，看到海伦抱着一本盲文童话书睡着了。第二天早晨，安妮问海伦为什么要抱着书睡觉，海伦在安妮的掌上写着："童话书哭了，它不愿意回到书柜里，它要和海伦在一起。"安妮笑着告诉海伦："书应该在书柜里睡，就像海伦应该在床上睡一样。"类似这样的日常教育，使海伦的学习就像吃着棒棒糖，一口一口地细细品味。安妮担心海伦从不停止的求知欲，会让她太过劳累，所以常常带着她到外面散步，让海伦通过触摸大自然的一切，增加感性的知识。

在那个花香树绿的夏天，安妮差不多每天都领着海伦，到离家不远的田纳西河边去散步。她们坐在柔软的草地上，闻着空气里清爽的味道，享受着宁静美好的大自然。安妮在海伦的手掌上写着，给她讲述大自然带给人类的各种恩惠，讲解万物生长与阳光雨露的滋润，讲解每一

个弱小的生命，比如松鼠和蚂蚁是怎样顽强地求生并快乐地生活着，还有在四季更替中，万物是怎样来而又怎样去。这些简单又深奥的谈话，令海伦对大自然充满了感恩和美好的向往。

安妮一方面教导海伦，从触摸树枝和花草等来感觉大自然的温暖亲切；另一方面，又会在偶遇的狂风暴雨中，让海伦亲身体验大自然的可怕力量，让她记住大自然的美丽温和及严酷冷峻两种面貌。

一天下午，安妮和海伦在花园的树荫下读书，海伦被燠热的阳光晒得受不了，便用手指在安妮的手上拼写着："老师，太阳不是个好孩子，你快点让它睡觉吧。""啊，太阳真是个坏孩子呀，它使老师嗓子又干又渴，好孩子海伦去帮老师拿杯水来吧。"安妮回答海伦。"哎呀，好孩子海伦的脚累了，正哭着说，哪里也不想去呢！"海伦机灵幽默的回答，逗得安妮笑个不停。"这个小海伦，又淘气又机智，连我也对付不了她了。"安妮自言自语地说着。几天后，海伦用点字盲文，给她的表哥约罕写了一封信："海伦在写信。安妮老师如果知道我会写信了的话，一定会送我苹果吃的，叔叔也会送我点心吃的。妈妈又给妹妹做新衣服了吧！”信虽然写得简短，但可以读懂海伦要表达的是什么意思。

从3月安妮到来，到现在短短的几个月里，七岁的海伦已经可以写信了。安妮看着海伦的信，沉浸在无比的喜悦中。进入文字的世界后，海伦的成长、进步，往往令周围的大人们惊叹不已。

随着时间的流逝，海伦对外在世界的好奇心越来越大，每天都会向安妮提出很多疑问：“为什么天会下雨？”“是谁把太阳烧热了？”“花草树木是吃什么长大的？”“是谁把小鸡装进鸡蛋里的？”可见海伦虽然看不到也听不见，但她幼小的心灵已经对自然万物产生了浓厚的兴趣。安妮一边欣喜海伦对自然事物的思索，一边也鼓励海伦多触摸、了解身边的动植物。

安妮在海伦的寝室窗台上，摆了一盆百合花，要海伦负责每天给花浇水，借此让海伦能天天感知到花的成长。她还放置了一个陶罐，里面养着许多昆虫，让海伦感受它们的生命力。有一天，安妮在二楼的房间里，看到海伦正在花园里忙着挖土。“这个机灵古怪的小顽皮，她要干什么？”安妮急忙来到海伦身边，在她手掌上写着：“海伦，你在玩什么游戏呀？”海伦答道：“老师，我不是在玩游戏，我想把布娃娃埋在土里，让它长得比老师还高。”大半被埋在土里的花布衫娃娃，已被弄得全身脏兮兮了。原来，海伦以为布娃娃也会像花草一样，埋在土里就能长大呢。

安妮觉得海伦的想法既天真又有趣，便带着她去院子里的养鸡房，正巧有小鸡从蛋里破壳而出。安妮让海伦摸着刚孵化出来的小鸡和破碎的蛋壳，感受小鸡诞生的过程。海伦知道了小鸡出生的过程后，马上联想着问安妮：“小猪的蛋在哪里呢？”令安妮顿时不知如何回答。

海伦和安妮还常去河边散步。在河边，安妮用松软的泥土，堆起了地球的模型，为海伦讲述地球的形状及火山、冰河等种种自然现象。这些生动可摸触到的游戏，令海伦心花怒放，开心地陶醉在半游玩半学习中。不论是粗浅的植物学或生物学，安妮总是通过这样生动有趣的教学方式，带领着海伦走进知识的世界。海伦在喜悦和惊奇中，渐渐感知到世界上的美好。

从此以后，被病魔抛入黑暗深渊的海伦，不再是孤独一个人了。虽然依旧听不见大自然的雷鸣风号，看不到花开叶落的美景，但在安妮的引领下，海伦正一步一步地深入文字世界里，感受着知识的芬芳。她不仅学会用盲文读书，用手指拼写代替说话，用手感触代替倾听，而且还学会了用铅笔写字，并开始学习布莱尔盲文，掌握了用文字来表达自己思想和感情的能力。不论是坐在房间里学习，还是走到田野间倾听、触摸，海伦都能在不断的求知中，发现自我，改变自我。

在安妮来到前那五年多的黑暗日子，海伦是个失去笑声与欢乐的孩子。是安妮教给她爱，教会她笑。为了让海伦重新回到有欢笑的日子，让海伦理解笑的含义，安妮在一个午后，大声笑着进到海伦的房间。她边笑边拉起海伦的手，触摸自己的嘴型和震动的喉肌，把正在读书的海伦吓了一跳，不明白安妮在和她玩什么游戏。安妮在海伦的手心写上“笑”，又抱起海伦放到床上呵痒，海伦忍不住笑了起来。然后安妮不停地在海伦手上写着“笑”字。师生两人的笑声传到楼下，亚瑟和凯蒂夫妻俩被海伦发自内心的笑声，感动得热泪盈眶。“啊，又可以听到女儿欢乐的笑声了。这是真的吗？这是真的吗？”两人不禁快乐地抱在一起。

有一天，海伦读着盲文版莎士比亚的十四行诗，突然摸到了“爱”这个字，她问安妮：“什么叫爱？”安妮用手指着海伦的心说：“这里叫爱。”海伦连忙用手摸着自己跳动的心脏，不解地摇晃着小脑袋。海伦把桌上花瓶里的紫罗兰放到安妮的鼻前，在安妮的手掌上拼写着：“花香是爱吗？”“不是。”安妮摇头否定。“那是太阳吗？”海伦指着阳光射来的方向。“不是。”安妮还是摇头否定。海伦困惑了，她记得安妮曾告诉过她，因为太阳，人们拥有了光明的世界。因为太阳，大自然的万物才能生长。太阳是多么了不起呀！如果它不是爱的话，还有什么能被称为“爱”呢？

海伦苦苦地思索着、自问着。她手中抓着一把珠子，用线穿着玩。房间里刚才还暖洋洋的阳光，突然被乌云遮住了，海伦感到了一丝寒冷。她再问安妮：“爱到底是什

么呢？”安妮在海伦的手掌上写道：“爱像飘动的云，人们摸不到它，但却可以通过丝丝雨水感觉到。正因为来自云的降水浇灌，大地才充满生机。爱也是这样，它无所不在又遥遥在上，让你可以时时感受到，却无法摸到。爱是快乐和幸福，没有爱的人就没有快乐和幸福，没有爱的人就没有感动，没有生命的喜悦。”啊，原来是这样！海伦心中的迷惑被安妮解开后，感觉到无数云朵飘浮在自己的心中。

海伦长大后，回忆起童年的学习过程时这样写道：“每个老师都能把孩子们领进教室，但不是每个老师都能使孩子们学到真正的东西。我的老师与我相亲相爱，密不可分。我永远也分不清自己对美好事物的理解，有多少是自己内心固有的，有多少是老师赐给我的。安妮老师已经成为我的一部分，我是沿着她的足迹前进的。我生命中所有美好的东西，都属于老师。我的才能、我的抱负、我的快乐，都是老师用爱教化而成的。”

经过安妮几个月来的指导，海伦的学习有了飞跃的进步，任性和暴躁的脾气也改了不少。但是，因为多年来父母及家人的怜悯和宠爱，乱发脾气的个性还是不能根除，偶尔会发作一次，毕竟她还是个无法完全自律的七岁孩子呀！

有一天，安妮正在二楼的房间里忙着，突然，从楼下传来海伦尖锐的哭声。“怎么啦？海伦碰到什么了？”安妮一边想着，一边慌忙赶下楼去，只见客厅里，海伦正像一头暴怒的小狮子，对着家佣巴妮拳打脚踢。“快住手。”安妮急忙上前按住海伦的双手，将她从巴妮的身边拉开。

天哪，多么可怕，海伦好像又回到了四个月前，安妮刚认识的那个小恶魔的样子。安妮紧紧抱着海伦，在她手掌上写着：“告诉老师，你为什么要发这么大脾气，为什么这样对待巴妮？”海伦气急败坏地哭着，在安妮的手心拼写着：“巴妮坏，巴妮坏。”家里的人都被海伦的哭闹声吓得跑过来看，凯蒂也急切地问巴妮：“这到底是怎么回事？”巴妮一边整理着被海伦撕烂的围裙，一边啜泣着回答：“小姐拿厨房里的玻璃杯子装碎石玩，我怕杯子破掉会割伤她的手，就把玻璃杯子拿开。谁知道，她就生气地朝我打来……怎么会这样，怎么会这样……”巴妮有些不知所措地看着还在哭泣的海伦。

原来是这样。安妮的心中充满了无奈，把海伦领到了二楼的房间。面对着眼前这个满脸泪水的小海伦，安妮心头掠过一丝悲哀，她难过地摇了摇头。之前那个乱发脾气、乱摔东西的小恶魔，又浮现在安妮的脑海里。四个月来，自己花费大把心血，慢慢教导缺乏教养的小海伦，总希望她能改变恶习，成为心地善良的小天使，可是，海伦的心中还是有恶魔的影子。如果海伦做错事的时候，有人能及时纠正她，她的人生就能充满光明和快乐，不然，一味放纵她任性骄横下去，只会使她自暴自弃、痛苦一生。“我一定要告诉海伦，什么是对，什么是错！只有这样，才能把海伦从恶魔的手中完全夺回来。”

正当安妮在心中默默地祈祷的时候，海伦跑过来，坐到安妮的膝上，搂着安妮的脖子撒娇。此刻的海伦，完全是个可爱温和的乖女孩，丝毫看不出她就是刚刚那个又哭又叫的小恶魔。安妮看着怀里的海伦，想着：“或许海伦是个好孩子，巴妮不该强行拿开她的玻璃杯子。可是，不论发生什么事，海伦都不该那样狂暴地对待别人呀！我必须让海伦知道自己错在哪里。”

想到这里，安妮推开想要亲吻她的海伦，在海伦的手掌上写着：“老师不喜欢粗暴待人的坏孩子。”海伦第一次被安妮拒绝，吃惊地望着安妮，马上在安妮的手上写着：“海伦是好孩子，是巴妮坏。”“但是老师看到海伦踢打巴妮，是海伦伤害了巴妮，老师不想和这样粗暴的孩子亲吻。”安妮恳切地将自己的想法告诉了海伦。海伦有些气恼又有些紧张地愣住了。过了一会儿，海伦感觉老师真的生气了，于是拿来点心和布娃娃想逗安妮开口。安妮知道海伦此刻的心情仍然很矛盾，还不能面对自己的过错，于是在海伦的手掌上写着：“你去玩吧，好好想想刚才发生的事。”海伦拿着布娃娃，不情愿地离开了安妮的房间。

午餐时，因为上午发生的事，安妮心情沉重，没有食欲，也就没去餐厅吃饭。海伦用手摸到饭菜都凉了，但安妮还没下来吃，就跑上楼叫老师吃饭。安妮说：“我吃不下去。”海伦让佣人把甜点和汤拿来给安妮，也被安妮止住。“老师因为心里难过，什么也吃不下、喝不下。”海伦知道安妮为什么这样说，突然扑到安妮的怀里哭了起来，安妮也忍不住流下泪水。她把海伦紧紧搂着，海伦边哭边在老师的掌心写着：“从明天起，我要做个好孩子。”“那你愿意去向巴妮道歉吗？向巴妮说上午踢打她的行为是错的？”安妮在海伦的手心上缓缓地写着。海伦点头答应。安妮便带着海伦来到厨房，向巴妮道歉。巴妮喜出望外地亲了亲海伦的小脸蛋，于是，两人又开开心心地和好了。海伦的泪水，冲掉她内心的戾气。望着眼前新生的、天真善良的小海伦，安妮和凯蒂不由得会心一笑。她们知道，在文字的花园里，海伦又成长了，并得到收获。

4. 触摸世界

又经过半年多的盲文学习后，海伦已经可以借助活字打字机和普通人进行交谈了。因为海伦对知识的渴求急切，安妮觉得应该让海伦走出家门，到外面的世界和更多同龄的孩子接触，进行交流学习。于是，安妮和母校帕金斯盲人学校联系，打算带海伦到那里去参观访问，以开阔视野、结交朋友。

由于安妮辛勤的努力和独特的教学方式，海伦的进步相当神速，这些佳话早已传回帕金斯盲人学校师长们的耳里，老师们都期盼着能早一点看到海伦和安妮。因为在安妮去海伦家前，大部分的人都不敢相信，安妮能把一个失明失聪小女孩教育得很好，还可以用盲文跟别人自由交流。安妮将不可能变为可能的成就，令大家既好奇又赞赏。

1888年5月，快满八岁的海伦和母亲、安妮一同启程，前往波士顿的帕金斯盲人学校，参加毕业典礼。与上次的旅行相隔已经两年了，但这次的旅行却是完全不同的心情。这是一个新生的海伦，去面对世界，触摸世界的人生之旅。海伦在自传里这样写着：“我把波士顿看成世界之始，也是世界之末。我几乎不能相信除了这里之外，还有其他更广阔的世界。”

不过是两年前，当时的海伦还是个完全无法与别人交流、任性孤僻的女孩，现在却已能通过盲文与别人自由交谈，这样巨大的改变，怎能不令人惊讶！更明显的变化是，海伦懂得做人的基本礼节和做一个好孩子的道理，在漫长的火车旅程中，她安静地坐在母亲和安妮的身边，不哭不闹，或者读书，或者与安妮打手语谈论沿途的感想。通过安妮与母亲的转述，海伦看到了车窗外的广阔世界：宁静的田纳西河、无尽的棉花田园、高低起伏的丘陵、翠绿茂盛的森林、火车月台上叫卖爆米花的小贩……美丽的大自然令小海伦陶醉在对未知世界的美好憧憬中。

火车抵达波士顿，帕金斯盲人学校的安纳诺斯校长和老师们，早已在车站热情地等候海伦一行人。大家和小海伦亲切地握手拥抱，校长安纳诺斯更是欢喜地将小海伦抱了又抱。来到学校后，海伦马上和这里的学生们交上了朋友。在家里，海伦每天只能和安妮交谈，但在帕金斯，海伦却能自由自在地和同龄的孩子们用自己的语言交流，这使得她特别兴奋。与这些和自己一样看不见、听不到的小朋友，互相在彼此的手上写字，天真单纯地大笑，无忧无虑地玩耍，海伦仿佛回到了属于自己的国度——盲童的家园。

在帕金斯盲人学校的毕业典礼上，安妮站在台前，向台下的老师和学生们，倾诉自己对母校的回忆与感谢。接着，她拉起海伦的小手，对大家说："站在台上的这个八岁盲童少女，会向你们说什么呢?"说完，静静地望着海伦。海伦先用左手摸读着讲台上一本打开的诗集，再将手用力举起，在上方缓缓地比画着，安妮再将海伦比画的诗句，清晰明白地解读出来。师生二人默契十足的表演，令台下的观众简直不敢相信，震耳欲聋的掌声响起。

在帕金斯盲人学校里，海伦最喜欢去的地方就是学校的图书馆，那里摆满了海伦能阅读的盲人点字图书。每天，海伦都如饥似渴地坐在图书馆的阅览室里，啃读着各种各样的书。关于在帕金斯盲人学校度过的日子，海伦在日记里写道："完全是惊喜的每一天，亲身体会触摸一个真实世界的心情。"

在波士顿停留期间，海伦第一次乘船去普利茅斯，这也是海伦出生以来第一次的海上之旅。海伦反复地触摸岸边那块刻有 1620 年字样的岩石，感悟着早期从英国赴新大陆移民的艰辛。为了维护心中的宗教信仰，人们可以背井离乡，不畏艰难地寻找自由。后来，宗教信仰成了海伦生命中的光明之灯。

在帕金斯盲人学校放暑假之前，安妮和好友霍布舍夫人安排海伦到布鲁斯特海滨度假。在那里，海伦听到了有关大海的种种神奇传说。不论是平静时的海，还是狂暴时的海，都对海伦充满着吸引力。大海，启迪了海伦新的思考。当海伦亲手触摸到海水时，她感受到了汹涌澎湃的波涛，让她快乐得惊喜颤抖。当一波小海浪把她从站立的礁石上卷到海水里时，海伦突然感觉到脚下没有了坚实的大地，身陷在一个没有温暖和爱的冷漠世界里。海伦在惊恐中奋力爬上岸边，扑到安妮的怀里，刹那间，人间的温暖令海伦铭刻在心。

在波士顿短暂停留的几个月，海伦结识了不少朋友。其中威廉·韦德先生和他的女儿，令海伦终身难忘。海伦曾把波士顿称为“好心城”，就是和蔼可亲的韦德先生在那里的缘故。由于波士顿给海伦留下了很好的印象，后来每个冬季，海伦都在那里度过。

早秋时节，海伦和安妮回到了南部阿拉巴马州的家里。几个月的波士顿之旅，是海伦新生活的开始。她亲身感触到了一个全新的美丽世界，一个令人兴奋不已的知识宝库。在与那么多人的接触交流中，海伦深深感到，自己原来的荒园里，好像一夜间开满了万紫千红的鲜花。灵魂像一只愉快的小鸟，唱个不停。跟家人去乡间别墅度假，她的身心也沉浸在新世界的喜悦中。秋天的山居日子，海伦被阵阵的松香包围着，感受营火旁大人们的聊天趣谈，和妹妹去果林里采鲜果，看书，骑马等，日子甜蜜又愉快地飞驰而过。

自从学会了用手指拼写与人交流后，海伦的世界惊奇不断。海伦渐渐已经不满足只是用手与别人交流，她思索着：怎样才能像正常人一样，用声音与别人交谈呢？如果那样，一定能够更清楚地向别人传递自己的想法，并能更快速地理解对方的语意。

1890 年，海伦十岁的时候，开始了发音训练。在这之前，她时常把一只手放在喉咙上，一只手放在嘴唇上，发出一些声音来。她对什么声音都感到好奇，或去触摸钢琴键盘，或去触摸家人的喉咙，感觉声音的振动。

自从两岁那场高烧后，随着视觉、听觉的失去，海伦就不再开口说过话，脸上的肌肉也变得僵硬。虽然她偶尔也会“啊、啊”的发出声音来，但也只是本能的反应，连她自己都不清楚要表达什么。

当手语交流不能满足要表达的意思时，海伦说话的欲望就越来越强烈了。“我要说话，我要用声音和世界交流。”她在心中呐喊着。

1890 年，帕金斯盲人学校的老师拉姆森夫人，从欧洲归来后，前往海伦的家来看望她。拉姆森夫人告诉海伦，在北欧的挪威，有一个和海伦一样情况的女孩娜布，已经学会说话了。海伦知道这个消息后，情绪激昂，急切地对安妮和家人表示，自己也一定要学会说话。安妮不仅赞同海伦的决心，还马上与波士顿的霍勒斯聋哑学校联络，校长富勒小姐接到请求后，答应亲自担任海伦的发音老师。喜出望外的安妮和海伦，马上动身前往波士顿。

富勒小姐是位和蔼可亲的老师，她热情地接待了海伦和安妮。从 3 月 26 日起，海伦开始跟她学习说话。皇天不负苦心人，在富勒老师的教导下，海伦终于可以连贯地说出“天气很暖和”的短句。惊喜、狂欢、感动，一股神奇的力量，将海伦从失语的枷锁中解放出来。从此，海伦可以用这些断断续续的短句，来和世界交流了。

虽然，海伦仅仅是掌握了基本说话要领，而且只能含糊地发出细弱的语音，但对海伦来说，这表示她已经握住了开口说话的钥匙，她要用这把钥匙，去开启语言交流的大门。

安妮夜以继日地陪着海伦练习发音，这对海伦和安妮来说，都是极艰苦的试练。练习、练习、练习，常常为了

一个字音，要反复好几个小时地练，一天下来，两人都疲倦不堪。但意志顽强的海伦，绝不妥协。想到可以和家人自由自在地交谈，让所有关爱自己的亲朋好友为自己的进步惊喜，海伦就会苦练下去。

转眼到了夏天，安妮和海伦结束了在波士顿的说话训练，踏上了返乡的旅途。海伦恨不得能插上翅膀，马上飞回家里。火车上，海伦不停地用嘴和安妮交谈着，唯恐一时不张口说话，就会再被关进沉默的世界。“看到爸爸妈妈，我第一句该说什么才好？我要给妹妹讲个什么故事？”想到这些，海伦简直坐不住了。

火车慢慢地驶进塔斯甘比亚小镇，海伦刚下车，就被母亲一把搂抱在怀里。海伦一字一句地向父母问好，凯蒂欢喜地流着泪水，妹妹快乐地拉着海伦的手，又亲又吻，一直默不出声的亚瑟，脸上也挂着幸福的微笑。全家人沉浸在久别的团聚中。这是个值得纪念的日子，她可能终生都看不见，听不见，但她可以说话了。海伦将用自己细弱的语音与人们交流，去拥抱世界。

有了与别人语言交流的能力和自信后，海伦便将自己的双脚，一步步地迈向了外边的世界。1893 年，海伦与安妮去华盛顿旅行，出席了克利夫兰总统的就职演说典礼，然后又踏上了尼加拉瓜大瀑布之旅。当海伦站在瀑布边，感觉着迫人的水势时，她的心与大地一同震动着。大自然的力量汹涌澎湃，如同宗教，如同爱，可以冲荡洗涤人类的心灵。

夏天的时候，海伦和安妮在贝尔博士的陪同下，参观了世界博览会。儿时种种的美丽幻想，展现在海伦的面前。她用手触摸着展览品，感悟着人类智慧的结晶。在万国馆陈列的模型里，海伦触摸到了各种新奇的事物。有曾在书中读过的印度佛像，有古埃及的金字塔和骆驼，还有威尼斯的环礁湖。

海伦还被一艘十七世纪的海盗船给吸引住了。不论是风平浪静，还是狂风暴雨，哪怕船上仅有一个水手，都会勇往直前，不屈不挠地喊着："我们是英雄，与大海搏斗前进着！"人生犹如在命运的大海中航行，只有充满信念和勇气，才能抵达胜利的彼岸。海伦学到了在书本上没有学过的东西，坚定了对未来的信心。

三个星期博览会的参观活动，通过触摸和各种解读，使海伦从童年天真的想象世界，走进了真实的历史与现代的社会中。她从内心向触摸到的世界，发出了真诚的感叹：“我爱我们的世界！”

1893 年 10 月，参观完世界博览会，海伦回到家，经过短暂的休养后，便跟着安妮开始每天在固定时间里读书学习。“我要学习，我要更多的知识！”十三岁的海伦踏上求知的漫长旅途。

5. 求知与追梦

1894 年 10 月，十四岁的海伦在安妮的陪伴下，前往纽约的莱特-赫马森聋哑学校学习。之所以选择这所学校，主要是因为这是一个能为聋哑人士提供发音和唇读训练的学校。此外，还能同时选修其他科目，如数学、自然、法语、德语等。海伦在莱特-赫马森学校读书期间，德语的成绩最好。一方面是因为德语老师略懂手语，能和海伦沟通；另一方面，也是海伦对德语的兴趣浓厚。仅仅学习几个月的时间，海伦就能与老师用德语交谈了。她的语言天分，令德语老师由衷地赞赏。

才经过一年，海伦就可以自由阅读德语文学作品了，同学们也对海伦刮目相看。虽然在学习法语上，遇到了比较多的困难，进度也较缓慢，但经过一年多的学习，海伦也可以一边查字典，一边读法语文学作品了。对于海伦来说，每开启一道语言的枷锁，她的世界就更开阔了一些。这也让刻苦用功的海伦感觉到，只要努力地付出，必有惊喜的回报在等待自己。

其实，每个科目的学习，对海伦来说，都是艰难挑战。原本缺乏语言学习条件的海伦，竟能通晓其他语言，这不能不说是一个奇迹——一个挑战生命的奇迹。但不是每门功课都这么顺利，例如海伦对数学，就感到非常吃力。严谨的逻辑思维，使海伦对数学的学习望而生畏、裹足不前。而在练习发音与说话方面，也并不总是一帆风顺。海伦的学习热情也因此忽高忽低。

海伦是个自信心很强的女孩，她以为只要自己刻苦努力，就一定能和别人一样，灵巧自如地说话，何况还有安妮在身边时时鼓励着。但是，求知的旅途并不是坦荡平顺的，也不是想跨过障碍就能马上跨过的，我们总是在希望与失望的进退中走向目标。当海伦碰到学习上的困境时，她的做法就是先朝自己感兴趣、进步快的科目上去努力。例如，海伦对自然、地理学科有浓厚的兴趣，她就经常大量选读这方面的书。在阅读中，也会自问自答：风原来是这样刮起来的，水原来可以蒸发成云，山是这样被造成的。自然的万物，生命的起源，惊天动地又井然有序。人类文明与自然文明在相争相伴中所发生的一切，都给了海伦许多的启发。

在纽约学习期间，海伦和安妮每天必去的中央公园，是海伦最喜欢的地方，也是她从书本上的学习走向现实、亲自触摸体验最好的自然学科教室。青草的气息，泥土的芬芳，松鼠的跳跃，这一切都令海伦浑然忘我。她们还常到哈德逊河上泛舟荡漾，去西点军校参观，走访华盛顿等人的故居。在自然景观和人文历史的知性之旅中，认识一个个未知的世界。

在莱特-赫马森学校差不多两年的学习期间，在老师们的耐心指教下，海伦克服了感官不足的缺陷，接受了与普通人一样的基础教育。这为海伦后来的求学之路打下了坚实的基础，也让她在心中升起了追梦的自信。

“我要上大学，我要走进哈佛校园。”海伦的哈佛之梦越来越强烈。海伦要上大学的梦，早在几年前就对好朋友透露过。这个念头，随着年龄的增长和知识面的扩大，日渐根深蒂固。这是一个不可动摇的信念，是海伦对命运又一次的挑战。周围的亲朋好友都为海伦这个强烈的哈佛梦而震惊，因为哈佛大学是美国最难考进的学校，是多少青年学子梦寐以求的学校，也是多少人想也不敢想的梦。更何况海伦的身体状况与常人相去如此之远。

在众人的劝阻中，只有安妮坚定地站在海伦这一边。她充满信心地对那些关爱呵护海伦的朋友们说："我知道海伦不可能完全恢复到和常人一样的体质，但这些不能阻止她拥有与普通女孩子一样追梦的勇气。或许在别人眼里，她是一个身体不自由的人，可是，她与正常人一样，和你们当中的每个人一样，体内潜藏着可以无限伸展的梦想。有志者事竟成，我相信海伦，也请你们相信她。"

1896 年 10 月，在安妮的陪同下，海伦前往剑桥女子中学读书。这是通往哈佛大学、实现梦想的一条可行之路，也是一条艰难遥远的苦学之路。一年级的课程有英国史、英国文学、德文、拉丁文、拉丁文写作、数学等许多科目。面对如此繁多的学习课程，海伦没有退缩。虽然这里的老师上课时，没有对海伦特别的照顾，但海伦靠着同

堂上课的安妮手语翻译，手摸老师嘴唇来理解、消化每一堂课的内容。因为在课堂上无法抄笔记，海伦就在课后用盲文打字机写作业和复习。这样的学习日复一日，复杂又枯燥，个中的辛苦实在无法形容。但海伦把每天的学习，当成了走向哈佛大学的必经之路，她没有怨言也绝不妥协，倔强地向着既定的目标前进。

虽然在剑桥的学习生活很艰苦，但海伦能感受到和同龄女孩朝夕相处的乐趣。她们不仅同吃同住还同玩，一起讨论功课，朗读诗文。即使偶尔安妮不在场，海伦也可以自在地和同学们谈话交流。后来，妹妹也来到剑桥女子中学读书，更增加海伦学习的乐趣。有一天放学后，海伦和同学们正在学校附近的公园里玩耍，安妮突然匆匆地跑来，抓住海伦的手，把她拉到树林中才停下来，抚摸着她的头说："海伦，不要紧张，静下来听我说。刚才收到你母亲的来信，你的父亲亚瑟突然病逝了。"海伦的脑袋一片空白，这突然而来的巨大悲痛，令她呆住了。

那么可爱的父亲，总是让家人、朋友充满笑声的父亲，怎么会逝去了呢？难道真的再也见不到他了吗？想着想着，两行热泪从眼中滚滚流出。海伦摇着头，声嘶力竭地喊着：“爸爸，你为什么走得这样早，这样匆忙？为什么等不及分享女儿梦想成真的喜悦！”海伦忍不住伏在安妮的怀里痛哭失声。“海伦，你尽情哭吧，为了你的父亲，你要努力实现自己的梦想，这比什么都令你父亲高兴。”安妮轻轻地拍着海伦的肩膀，安慰着海伦，也悄悄地擦去自己的泪水。

当时美国哈佛大学的入学考试，有初考和终考两次。初考合格后，才有资格参加终考，通过终考后，就可正式成为哈佛的学生。1897 年 6 月，海伦参加了哈佛大学女子学院——德克利夫学院入学考试的初考。在全科目“德语、法语、拉丁语、英语、希腊语、罗马史”的九个小时的考试后，获得了全科目及格和德语、英语双优的好成绩。按照原定的学习计划，海伦应该还要在剑桥女子中学学习五年，再准备报考哈佛大学的终考。但海伦因为第一年考试的好成绩，自信大增，想缩短准备考试的时间。经过不断的努力，1899 年 6 月，海伦参加了哈佛大学德克利夫学院入学考试的终考。为期两天的考试里，包含了初级希腊文、高级希腊文、高级拉丁文、几何、代数等科目。虽然几何和代数给海伦带来了很大的困难，但她最终仍跨越所有的障碍，顺利通过终考，如愿考进哈佛大学。

然而在亲友的建议下，海伦又自学进修了一年。直到1900年的秋天，年满二十岁的海伦，才终于跨进了哈佛大学，圆了少年时代的哈佛梦想。海伦在自传里记述了入学第一天的心情："这是我人生中最有意义的一天。对于这一天，我曾经怀着无限的憧憬和期盼。我知道，在今后的学习中，将会有许多困难和障碍阻挡着我，考验着我的毅力和耐力，但我有决心去克服它们，有信心跨越过去。我始终铭记着一句座右铭——'被驱逐出罗马，只不过是生活于罗马之外而已。'我所走过的求学之路，虽然不是平坦的康庄大道，但经过了孤独荒凉的崎岖山路，我终于还是走进了哈佛大学。我有信心和勇气，在哈佛校园里学有所成，与同学们一起完成学业。"

哈佛大学对海伦来说，是一个充满魅力与梦幻的新世界。几年来，为了实现自己的哈佛之梦，海伦在苦学中度过了常人难以想象的枯燥日子。自强坚毅的海伦相信，她用双手敲开了哈佛的大门，也同样有能力把握自己的命运，去征服这所全美最高学府内各科知识的难关，与身体健全者一样，拥有自由的心灵世界。

在安妮的伴读下，海伦开始了大学生活。为了集中精力在学业上，海伦忍痛暂时放弃了很多喜爱的活动。她安慰自己："现在的努力学习，是为了将来享受更好更多的人生快乐。痛苦的后面必是快乐！"

大学第一年的学习，海伦选修了法文、德文、历史、英文写作和英国文学。她读了大量的近代欧洲文学作品，并且反复阅读罗马帝国兴亡史及欧洲史。海伦在学业上总是能取得好的成绩，这与她不服输的性格有关。刚开始学习时，也曾让海伦困惑不已，因为有些教材，没有专为盲人设计的点字版，坐在教室里上课，虽然有安妮在旁边陪读，将老师的讲课内容快速拼写在她的手上，但海伦常感觉时间不够用，只能机械式地硬记。因为忙着用手"听"课，无法分心做笔记，只好等下课回家后，靠回忆来完成作业。所以，坐在教室里的海伦，内心常常感觉孤零零的。

别的同学只需用十分钟就能完成的作业，海伦则要花上几个小时。她也曾为此感到不平，觉得牺牲太多的时间和精力来写作业，以至于没有时间去思考，没有时间享受外面灿烂的阳光。但是，一这么想，海伦就会给自己打气，叫自己振作精神。她告诫自己："一个人要有真才实学，就必须去攀登奇山险峰。既然人生的道路没有捷径，只有不畏艰难，鼓足勇气向前走，才能抵达目的地，才能在险峰品尝无限风光的喜悦。"

在哈佛四年的学习生涯中，海伦最不喜欢的就是各种大大小小的考试。她曾在自传里写道："虽然我已经顺利通过了许多的考试，把那些考试一个个打败，但过段时间，它们又会向我扑来，吓得我心惊胆颤。每次考试前的几天，我都拼命死记硬背各种符号和年代，好像被迫吃下了不喜欢的食物。当可怕的考试时刻来临时，那些试题常令我紧张失措，千辛万苦记住的东西，刹那间被紧锁在脑袋里出不来。于是，我只好对着试卷愁眉苦脸。"海伦曾把大学生活想象得浪漫悠闲，当她真正成为哈佛的学生后，才亲身体会到求知的艰辛。

但海伦很快就从浪漫回归现实，发愤地学习新知。她曾感慨："如果没有这四年在哈佛的学习生涯，我不会懂得求知之外更多的智慧。我们接受教育，要从容自信，敞开心窗，广收多纳，使学到的知识能像雨水一样，把各种思想感悟洒到干涸的心田。知识就是力量，知识也是幸福。因为拥有了渊博的知识，就可以分辨是非，把握自己的思路，掌握人类社会文明的发展和动力，领悟人类崇高的美好愿望，从而懂得生命、感恩自然、珍惜一切。"

"知识就是力量！"这是海伦四年大学生活的感想，也是她对世人发出的真诚呼吁！正是因为这样的感动感叹，使海伦的校园生活充实又精彩。大学期间，有杂志社编辑被海伦不屈不挠的求学精神所感动，向海伦约稿连载她的成长经历，这些连载文章受到读者的热烈欢迎，海伦便将这些文稿汇集，出版了自传《少女时代》，备受赞赏。这本书记载了海伦从生病残疾到走进哈佛读书的个人经历，许多文学评论家都给它很高的评价。海伦的名字和事迹逐渐在全美传开，也使她踏上了文学写作的路程。

1904 年 6 月，哈佛大学的礼堂里宁静肃穆，这是一

年一度的毕业典礼。海伦头戴四方学士帽，身穿宽袖长袍，坐在最前排。校长布里古斯先生亲自在海伦的毕业证书上写下贺词：“海伦，你以优秀的成绩，完成了大学四年所有的课程，特别在英国文学专业上表现尤为突出。恭喜你顺利毕业并荣获文学学士学位。”因为大家打从心里敬佩海伦坚忍不拔的求学信念，当海伦走上讲台领取毕业证书时，全场响起了久久不停的掌声。手捧着毕业证书的海伦回到座位后，含着眼泪对安妮说：“多想让父亲看到这一天呀！母亲如果能来看到的话，又会多么高兴呀！”安妮抚摸着海伦的脸，轻轻拉起她的手，久久不语。是呀，此刻躺在病床上的凯蒂，也一定很想亲眼看到海伦在毕业典礼上的光彩呀！

海伦将从哈佛展翅飞向新的人生。

6. 读书与生活

海伦曾在自传里写道：“文学是我理想的乐园。在这个乐园里，我享有一切权利。没有任何感觉上的障碍，能够阻止我和作者及作品人物的交流。”

海伦的成长过程与读书是分不开的，她在七岁的时候，就曾完整地读完一篇短篇小说。海伦爱书如命，因为读书是她获取知识的重要途径。自从安妮走进海伦的生命，她就开始了读书之旅。

刚开始，海伦从安妮那里得到几本盲文凸体版童话书。海伦每天都会通过安妮的指画来听故事，但海伦个性倔强，宁愿自己用手触读喜欢的书。

海伦用纤细的手指，惊喜地触读着每一本书。其中自然科普书《我们的世界》是海伦幼年生活里，读过最多次的一本书。书中描述的地球世界，常令她陶醉在幻想的世界之旅里。这套盲文凸体版童书，连海伦自己也记不清总共翻看过多少遍，她只记得那上面的字都被摸得无法辨认了。

1888 年 5 月，海伦和安妮一起去波士顿帕金斯盲人学校做客期间，海伦被允许每天可以自由地出入学校的图书馆。能够摸触到这么多盲文凸体版的书籍，海伦惊喜若狂。她每天沉浸在书的丛林里，读着各种各样的书，流连忘返。虽然对文学名作还不能完全读懂，但海伦什么书都愿意读。一知半解也好，囫囵吞枣也罢，她情不自禁地迷上了文字的世界。

因为年纪还小，不能集中精神读长篇的书，海伦对许多书都是拿来读过几页就放下，再去读别的，全部读完的就只有《方德诺小伯爵》这本书。这是一本令海伦记忆深刻的童话故事。海伦与安妮在波士顿郊外的林间树下，两人悠闲地躺在吊床上，沉浸在方德诺的世界里。书，成了海伦生活中最好的伙伴。

在往后的日子里，海伦用手触读了大量的盲文凸体版书籍，比如《希腊英雄》《圣经的故事》《儿童英国历史》

《鲁滨逊漂流记》《天方夜谭》。不论是文学小说、历史故事还是散文游记，对海伦来说，书就是阳光，照耀着她的生命。

虽然海伦不能像那些耳目健康的孩子一样去感受世界，但通过一本本书，她也同样可以看到世界的样貌。

长大后，随着对各种语言的掌握，海伦读书的范围不断扩大。不论是英文、法文，还是德文、希腊文、拉丁文，她都能得心应手地去触读。

在众多的类别中，海伦特别钟爱自然科学和动植物方面的科普书。每当读这些书时，海伦都会童心大起，与书中的动植物们，一起顽皮，一起快乐，一起苦恼。

有关古希腊的历史故事，也令海伦爱不释手。在想象的世界里，海伦会忘情地走进历史的时空，与上古人物对话交流。不论是天女，还是亦神亦人的英雄，都完美得令她崇拜。

对于故事中那些丑恶残忍的怪物，海伦总是痛恨无比。著名的史诗作品《伊利亚特》和《奥德赛》，都是海伦反复熟读的书。每读一遍，都令海伦的灵魂升华一次。

海伦读这类文学史诗时，不喜欢通过词典注释导读，她总是用自己的感触，去理解书中的人物故事。不论是刚毅俊美的阿波罗神，还是英勇挺拔的阿基里斯，都成了海伦内心永恒不灭的石雕。

莎士比亚的作品也让海伦留下了深刻的印象。许多故事与人物情节都令海伦念念不忘。《李尔王》中的情节——格罗赛斯特的眼睛被挖出后滴血的描述，令海伦惊恐万分。如此悲惨的叙述，会让海伦合上手中的书，呆坐半天。她心中的喜怒哀乐与故事情节纠缠在一起：夏罗科、撒旦、犹大及魔鬼们，难道生来就是丑恶的吗？海伦对莎士比亚作品里的众多恶魔，充满了怜悯，也充满了期望。她相信只要有人去拉他们一把，恶魔也会有变好的可能性。假如人类给恶魔改过的机会，世界会不会更好呢？善良的海伦从莎士比亚的作品中，走进了一个博爱世人的美好境界里。

因为精通德文，海伦在青年时期，就读过很多德国文学作品。其中对于女性力量的承认，令海伦兴趣浓厚。她熟记《浮士德》中的一段描述："人间的缺憾，终会成为

圆满。妇女的灵魂，引导我们永远向前。”歌德优美至诚的文笔，深深地感动着海伦，即使隔世相望，她依然在灯下无数次地仰慕着这位伟大的文豪。

除此之外，法国的莫里哀、巴尔扎克、梅里美，美国的马克·吐温等人的作品，都是海伦常读的书籍。读书，使海伦知道了人类文明的发展过程，知道了人类在各种改变中，延续下来的文明力量。在历史的镜子里，海伦看到了人类的昨天和今天，她相信明天的世界会更美好。

对海伦来说，有关宗教的书最难懂。比如《圣经》，海伦在小的时候就很难理解。长大后，随着阅历的丰富，海伦才慢慢地喜欢读它。《圣经》中真、善、美的故事，深深地感动着海伦。她在自传中写道：“《圣经》给了我深厚的慰藉，有形的东西是短暂的，无形的东西才能永恒。”

海伦的童年与大自然的鸟语花香也是分不开的。年少时，她就学会了划船和游泳，好动的性格使她一刻也不愿待在家里。她喜欢划着独木舟逆流而上，喜欢在月光下躺在小船上飘摇。每次与大人乘船出港，她都兴奋不已。她把出港远行当作生活里一项快乐的享受。她喜欢抚摸花草，喜欢在林中散步，喜欢骑马奔驰。海伦认为，大自然的点点滴滴，都是埋藏在人们心底的宝藏，只要用心去寻找，就能闻到花香，就能听到水声，不管是健康的正常人，还是残疾人，都有享受自然的灵能。

海伦从哈佛毕业后，就和安妮搬到乡下居住，过着读书写作的宁静生活。与大自然的交流，使得海伦的心中总是充满阳光和花香，充满慈爱与怜悯。她可以和周围的孩子们一起打牌下棋，玩各种游戏，也会带着猎犬去林中散步冥想。

海伦也喜欢去博物馆参观，她被特许可以用手触摸艺术作品。不论是雕塑还是各种乐器，每一次的触摸，都让海伦万分感动。

海伦有着神秘的第六感，她能在用手触摸一个人的脸之后，感觉到这个人的感情和品性。当她触摸古希腊英雄的石雕时，能感觉到爱与恨、勇敢与忠诚；当她触摸维纳斯的石雕时，在线条中，亦能感受到优雅与祥和的氛围。所以，海伦觉得欣赏雕塑之美，手感比视觉更敏锐透彻。

海伦还会去“欣赏”歌剧，去“听”音乐会。凡是常人能享受到的乐趣，她都愿意去尝试。她从不因自己残疾就自卑消沉，放弃享受生活乐趣的机会。她坦承自己的身体有缺陷，但绝不泄气。她会利用各种机会去触摸世界，感受生命的快乐。

海伦深深地相信，只要去寻找，就会感受到快乐，就能让生活充满意义。她的耳边，始终回响着希腊女神的叮咛：“忘我就是快乐！”

7. 海伦的爱

海伦自出生到离世，在她一生坎坷曲折的道路上，始终享受着大家的关爱呵护。正如她在自传里所说的："他们费尽心神，绞尽脑汁地把我的缺陷转变成美好的特点，使我能够在已造成的阴影中，自信而快乐地成长。"正是这些友善关爱，才使得海伦的生命变得甜美幸福。不论是亲情、友情，还是短暂的爱情，都令海伦终身难忘。在亲情之爱里，最令人感动的是来自海伦父母的怜爱。

海伦的父亲亚瑟是个性格温和、仁善宽厚的男人，也是个对家庭有着强烈责任感的好丈夫、好爸爸。他和妻子凯蒂用无私无尽的爱，为女儿编织了一个温暖的摇篮，使海伦的童年充满了快乐和甜美。

在海伦生病的那段时间，亚瑟不分昼夜地守护在旁。大病过后，海伦失去了视觉与听觉，亚瑟更是对她加倍的怜爱疼惜。不论海伦怎样任性、怎样乱发脾气，亚瑟总是笑脸以对，从不生气责备，反而用他那宽阔的臂膀，将海伦抱在怀里安抚。他常领着海伦，到家中的花园散步玩耍，还摘下自己种的草莓和葡萄让女儿品尝，以致海伦长大后，对父亲亲手种的草莓的滋味，始终念念不忘。

亚瑟不断打听哪里有能治疗海伦的名医，只要有人介绍，他就不辞辛劳地带着她去求医，不管路途多远，都在所不惜。他一心想要帮海伦找到希望，找回光明的人生。

当海伦跟着安妮学会写字后，亚瑟就常常用手在女儿的小手上，拼写各种有趣的故事，逗得海伦哈哈大笑。海伦成长中的每一个微小的进步，都会得到父亲的赞美鼓励。正是亚瑟这样的关爱呵护，才能让海伦无忧无虑地成长。父亲的慈爱，包容着海伦的整个生命。

海伦的母亲凯蒂是一位出身名门的大家闺秀。她善良、温和、贤慧，性格内向。嫁给亚瑟后，她任劳任怨地照顾着丈夫与孩子，还要管理家务，要帮着种菜和喂养家畜，要亲自动手做各种火腿、肉肠、熏肉等食物，要缝制家人的衣帽鞋袜，更要经常招待丈夫带回家中的客人……

她像一个传统的家庭主妇一样，默默地做着家务琐事，为家人带来无微不至的关爱，连安妮都非常佩服凯蒂吃苦耐劳的毅力。

凯蒂还喜欢种植花草，也关爱小动物。她热爱自然，带给海伦很深的影响。在繁忙的家务中，偶有闲暇，她会静静地读惠特曼和巴尔扎克等人的作品，熟记后再讲给孩子们听。

海伦突然失明、失聪，带给凯蒂巨大的痛苦。她每天从早晨张开眼睛到晚上临睡前，心里都挂念着海伦。不管海伦怎样无理取闹，凯蒂总是伸开双手，将她拥抱在怀里安抚，充满爱怜。凯蒂始终支持海伦不断向命运挑战，鼓励她走进求知的大门。

当海伦学会盲文后，为了能与女儿更直接地交流，凯蒂也学会盲文。海伦离家在外求学时，就经常收到凯蒂用她那患有关节炎的手，吃力写来的盲文信。深刻的情感，充满字里行间，使海伦不管离家有多远、多久，都能时时刻刻感受到母亲的慈爱关怀。丈夫去世后，凯蒂一人挑起养育子女的重担。在艰苦的日子里，凯蒂从没向儿女埋怨疲累，等到儿女们日渐长大、成家立业后，她又继续将满腔的慈爱，灌注在孙子们的成长上。

海伦长大后，母亲常聊起海伦童年的往事。母亲会把生病前海伦的样子，如数家珍地讲给她听。每一件细小的事情，对凯蒂来说，都清晰得像是昨天才发生的事，令海伦对自己童年的日子充满甜蜜幸福的回忆。

1914 年，海伦进行全美反战巡回演讲时，母亲就陪伴在她的身边，照顾她的日常生活。有一次，海伦和母亲站在旧金山的海边，凯蒂一边拉着海伦的手，一边感叹："在大海面前，我忘记了过去的悲伤和郁闷。"

1921 年，正当海伦为了募捐在剧场工作时，突然接获母亲病逝的消息。意外的噩耗令海伦悲痛无比，但她还是强抑心中的哀痛，上台工作，等下了台才痛哭起来。她顿时感到失去母亲的世界，变得那么孤寂，从此以后，再也收不到母亲关爱的家书了。这个为了儿女一生操劳奉献的母亲，永远活在海伦的心里。

海伦不仅享受着父母家人的亲情，也拥有许多的友情。每一次与好友们的相聚，与朋友们的握手拥抱，都令海伦忘记烦恼和郁闷，心情立刻开朗起来。朋友们的诚挚关爱，让海伦看到人类真、善、美的品格，也看到充满温暖的有情世界。

海伦从小到大，结识了各行各业的朋友。布鲁克斯主教是海伦的忘年之交，海伦还是个孩子的时候就认识他了。两人见面时，海伦常常坐在主教的膝盖上，抓着他宽厚的大手玩。通过安妮的手译，主教给海伦讲了很多上帝和天国的故事，令海伦惊奇不已。他还跟海伦说过：“有一种无所不在的宗教，就是爱。你用全身去爱你的天父吧，去爱上帝的每个儿女，去爱你认识、不认识的人们吧。虽然善义的力量有时会被邪恶的力量打败，但请相信，最终还是善义走进天堂。进天堂的钥匙就在自己的心里。”

布鲁克斯主教对海伦有着很大的影响。他从没给海伦灌输宗教思想，只用博爱的理念，使海伦充满济世的同情心，此后一生都投入于社会福利事业。布鲁克斯过世后，海伦怀念他的友情，将《圣经》细细地再读了一遍，更加感悟到主教的高尚情操和慈悲胸怀。

另外一位相当关心海伦的人——电话发明者贝尔博士，也是她的忘年之交。贝尔一生的志业，除了发明创造，就是致力于聋哑人的教育。他将发明电话获得的利益，全都用在聋哑人的教育事业上。从海伦六岁时，和父母一起去华盛顿拜访贝尔博士开始，到 1922 年贝尔博士离世，他们之间的友情长达几十年。

当海伦第一次坐在贝尔的膝上玩耍时，海伦就喜欢上这个大胡子的发明家。那次的会面，成了海伦生命中的转折点，开启了海伦从黑暗走向光明，从孤独走进温情，从茫然无知跨入知识世界的契机。正是由于贝尔的穿针引线，安妮才能来到海伦的身边，改变海伦的命运。安妮教育海伦时每一个小小的成功，都受到贝尔的赞扬。

1893 年的夏天，海伦与安妮去华盛顿旅行，贝尔带着她们参观了世界博览会，给海伦留下了美好的回忆。这三周的游览，贝尔始终陪伴在旁，通过他简单明了的讲解，海伦的见识顿时开阔了起来。海伦用手轻触着展览品，用脑袋想象着这个世界。贝尔的家人也都把海伦当成亲人看待，并热情地接待她。每次到贝尔家拜访，海伦都觉得像回到自己家里一样。贝尔时常鼓励海伦："世上无难事，只要你用心去学习，就一定可以明白的。"这些教导深深影响海伦往后的人生观。

海伦十一岁的时候，曾听贝尔谈起人类文明的未来——飞机将成为人们的交通工具，海底电缆的铺设将使大西洋两岸自由通话。这些人类的梦想，让海伦对未来充满无限的憧憬和期待。

贝尔不仅关心海伦的教育，也关心她的生活。他常像个父亲一样跟海伦说："虽然你还年轻，但也该考虑自己的婚姻问题。否则有一天，当安妮结婚成了家，你就得独自生活了。"当海伦认为她因为不自由的身体状况，而没有信心寻找爱情时，贝尔更是慈爱地鼓励着："你虽然不能像身体健全的女人那样，做好全部的家务，尽到妻子的责任，但会有真情爱你的男人，愿为你不辞辛苦地付出一切。你不要把对爱情的渴望锁在心里，勇敢些，拿出你的自信去寻找爱情，建立一个温暖有爱的家吧。"海伦被贝尔三番两次的劝说感动了，于是放弃了原本终身不结婚的念头。

1922年8月，贝尔博士与世长辞。海伦在悲痛中发现，生命中最珍贵的友人与她永远告别了。遥望着华盛顿郊外山坡上贝尔的长眠之处，海伦轻轻地诵起曾与贝尔博士一起读过的勃朗宁的诗句：“流星飞，在云际雷电中，在星云交会处。”

美国著名的钢铁大王卡内基也是海伦亲密的朋友。海伦和安妮客居纽约期间，曾应邀到卡内基的家里做客。卡内基很敬佩海伦坚毅的求知精神和为福利事业献身的志向，当海伦后来接受他的捐助时，这位赫赫有名的大富豪，竟然感动得写信给海伦表达他的心情：“坦白地说，命运对我是很偏爱的。你崇高善良的品德令世人敬仰，能给我这样一次付出的机会，我感到幸福极了。施比受更令人幸福快乐。所以，我要真心地感谢你。”海伦没有想到人类的爱心如此宽广，施予者的快乐感染了她的身心，使她在深厚友情的包围下，更全心致力于社会福利事业。

海伦与美国著名作家马克·吐温的友情，也是一段佳话。马克·吐温是近代美国著名的大文豪。海伦十四岁的时候，在纽约一个朋友的家里，第一次与马克·吐温见面。从马克·吐温宽大的手掌里，海伦感受到了如同亲情般的温暖。那次会面之后，海伦与马克·吐温也成了忘年之交。每当碰到不顺心的事，海伦就会写信向马克·吐温倾诉。马克·吐温正直的人品、富有同情心的胸怀、自由平等的思想、幽默风趣的言谈，都令海伦深深崇拜。凡是与海伦有关的事，马克·吐温都很关心，必要时也很乐意给予协助。因为马克·吐温在社会上很有名望，当时美国许多知名人士，常聚在他家高谈阔论，只要能联络到海伦，马克·吐温都会邀请她来参加。通过这种方式，海伦认识了许多在社会各界有影响力的人士。这对海伦后来的募捐活动，有很大的帮助。

在写作上，马克·吐温鼓励海伦大胆去想象，当他看到海伦的作品《我所居住的世界》出版后，马上写信邀请她来家里做客。马克·吐温拉着海伦的手，站在落地窗前对她说："窗外是一片银白的世界，有山峦，有树林，有大片的云朵在天空飘游……这些都是写作的素材。"海伦和安妮在马克·吐温的家里度过了轻松悠闲的短暂时光。

马克·吐温幽默的个性，常逗得海伦笑个不停。在马克·吐温卧室的窗台上，摆放着一张贵重物品的清单卡，海伦不懂为什么摆放在这里，马克·吐温便告诉她，这是为小偷准备的。为了不让小偷在三更半夜进来行窃时，翻找东西吵醒自己，干脆将家中贵重物品的明细写在卡上，让小偷按卡找取。马克·吐温用幽默来点化海伦，要她学着放宽心怀，不要有恨。即使有小偷入室，安心睡觉也是最重要的。这种视钱财为身外之物的淡泊态度，令海伦铭记于心，直到海伦走完人生之旅，她的心里始终怀念着马克·吐温的友情和关爱，以及冬夜里在马克·吐温家中，听他朗诵《夏娃日记》，一起流泪的时光。

海伦年轻时，曾拥有过短暂的爱情。1916 年的深秋，海伦刚结束全美巡回演讲，身心俱疲地回到纽约郊区的家里。在一个静寂的夜晚，正当海伦在书房里独自沉思时，她的临时秘书敲门走了进来，他用深情的目光凝视着海伦，以柔和的指力缓缓地在海伦的手掌上倾诉着爱恋。他的真诚打动了海伦，她感觉自己的心正快速地跳动。细细回想这个新来不久的秘书，平日里对自己无微不至地照顾，时时感受得到他的深情。秘书与海伦幸福地谈到两个

人的未来，他向海伦表示，结婚后，他要终身陪伴着海伦，为她读书读报，为她的写作查资料，并照顾她的生活起居。海伦和秘书沉浸在浓浓的爱情与幸福中。海伦真想马上向全世界宣布："我恋爱了！"但因为担心会遭到别人的反对，两人决定先保密，等时机成熟后再告诉大家。

那段日子里，秘书每天陪伴在海伦身边。起床后，他们会并肩去森林里散步；下午，又一同坐在院子里的长椅上闲聊；入睡前，秘书也会在海伦的书房里，为她读报或说明有关写作资料查找的状况。不过后来，当母亲询问她时，海伦因为还没有心理准备而否认两人的爱情，让这段恋情无疾而终。在往后的岁月里，海伦每次回想起来总是感到相当遗憾，自己为什么没有勇气去承认爱情的到来呢？这一生唯一一次的恋爱，成了海伦心中永远的痛。此后海伦终身没有结婚，将生命完全奉献给残疾人士的教育事业。

8. 海伦的愿望

海伦在哈佛大学读书的时候，常常思考着将来毕业后，自己想做什么，能做什么。她知道，如果没有安妮等人的关爱呵护，自己不可能会有如此的进步，所以感恩之情一直埋藏在心底。随着年龄的增长和视野的开阔，海伦发誓要用学到的知识奉献社会。

早在海伦十多岁的时候，她就是个充满同情心的女孩，很爱惜身边的小动物。学会盲文、手语，能够和外界交流沟通后，每个周日，海伦都会和母亲一起去教堂做礼拜，开始关心比自己处境还差的人们，成为一个充满爱心的少女。

在一个初冬的午后，母亲一边整理家人冬天的衣服，一边感叹地对海伦表示："海伦，在这样冷的冬天里，还是有很多穿不暖的孩子们在忍受着寒冷呀！"海伦知道后，马上跑去自己的房间，拿来她的厚毛衣递给母亲。“妈妈，这件是我最厚的毛衣，很暖和的。把它送到救济中心吧，没有毛衣的小朋友会和我一样喜欢穿的。”

还有一次，海伦知道了一个叫托尼的盲人男孩的遭遇，难过地哭了。“多么可怜呀，这个失去父母的托尼，因为没钱付医药费被医院赶出来。我要是能帮助托尼多好呀！如果能让托尼住到帕金斯盲人学校就好了。”于是，海伦对安妮表示：“我要写信给安纳诺斯校长，请他们收留托尼。”安妮听完后冷静地对海伦说：“海伦，你的愿望和同情心都非常美好，但是，要进帕金斯读书、生活，是需要一笔钱的。学校是收费的，不是所有的残疾孩子都能进去。”

安妮以为海伦会听从劝告而放弃，没想到海伦却更热切地表达自己的想法：“那我们来为托尼筹措学费吧。”于是，海伦将自己每月的零用钱全部存起来，又向家人、朋友们，以及所有她熟悉的名人展开募捐。

这一年，海伦才十一岁。她凭着坚强、耐心和热情，竟然为托尼募集到一千六百美元，让这位无家可归的男孩，能进入帕金斯盲人学校就读。托尼进入帕金斯盲人学校学习后，海伦高兴地写了一封感谢信给波士顿一家报社的总编辑，信中说："在你们报社的帮助下，我们终于为托尼募集到足够的学费，真诚地感谢你们。托尼在帕金斯盲人学校，快乐地开始了学习生活。今后，我还会热心地关爱托尼，期待他长大后，做一个对社会有用的人。你们的小朋友——海伦。"

海伦进入哈佛后，虽然课业沉重，但只要有机会，她就会加入福利事业的义工行列，尽一己之力。大学三年级时，海伦加入了促进盲人福利的民间团体——波士顿妇女工商联盟，与大家一起去议会请愿，提议成立保护残疾人士的特别委员会。当请愿通过后，只要有时间，海伦就积极地参加各种活动，指导培养盲人自立自强的求生精神。

1904 年，海伦从哈佛大学毕业后，选择在波士顿郊外定居。这所古旧的农舍是慈善家史波林先生赠送给海伦和安妮的。1905 年安妮结婚后，仍和海伦住在这里。在这个宁静的森林小屋里，海伦的写作灵感丰富，先后出版了散文集《我所居住的世界》和诗集《石壁之歌》。

每天，当海伦写作写累的时候，就沿着森林小路散步到一处清澈的小河边，坐下来思考：“今后我还能做什么？人生的下一个目标是什么？”

一天早晨，海伦和安妮坐在屋外的阳台上。突然，海伦表情认真地对着安妮用手语说：“老师，我终于找到了今后的人生目标，我要从事为残疾人士争取福利的工作。如果我能尽些微薄之力，去帮助那些在痛苦深渊里挣扎的人，让他们看到心中的光明，使他们对人生充满希望，过自立自强的生活，那么这样的工作对我来说就是最幸福的人生选择。”

安妮惊喜地握住海伦的手，望着自己教导多年的学生——她被海伦发自内心的真诚告白深深感动，不知用什么样的言语来表达此刻的心情！她只是不断重复地说：“真好，真好。”安妮一边流泪，一边在海伦的手上写着：“海伦，老师自从与你相识到今天，十几年来和你一起走过漫长的成长之路，经历过各种求知的艰难困苦，就是为了等待你立下这样的人生目标。老师快乐极了，不知道该怎样告诉你我的喜悦。”

海伦也激动的对安妮表示："老师，我小时候是那么任性顽皮，进大学读书后，我只想在学业上不输给周围身体健康的同学，很少去想怎样才能对别人有更多的帮助。但是，老师，你却不是这样的人。老师无私地为我付出了自己的一切。正是因为老师这种忘我的牺牲精神，我才有今天的成就。老师的人生目标，是为了帮助不幸的弱者，使这样的人也能快乐和幸福。老师，你就是我的人生榜样！"

安妮感动地拉着海伦的手写着："谢谢你，海伦。你已经懂得爱的付出，更重要的是，今后你要按照自己的人生目标走下去。不论遇到怎样的困难，不论遭受多大的打击，只要你记住今天的誓言，就能战胜一切！"

大学毕业后，海伦第一份工作，就是参加波士顿地区残疾人士的自立救助活动，帮助许多没有机会读书、在社会底层生活的残疾人士找到他们能做的工作。只要有时间，海伦就不辞辛苦地参加这些社会活动。她在四处募捐、演讲的同时，还替妇女报纸杂志撰稿，提出各种帮助残疾人士的建议。

1914 年，第一次世界大战爆发。海伦和安妮原本是最坚定的反战者，当美国也卷入世界大战后，海伦认知到自己的努力无法制止战争的发生后，她和安妮便重新振作起精神，去关心那些在战场上受伤的士兵们。她们冒着寒风，去访问野战医院，慰问那些伤兵们。

面对着这些原本健康活泼的年轻人，她鼓励着伤兵们："看不见、听不到，也不能放弃活下去的勇气。或许，对你们来说，今后的人生之路会更艰难，但是，你们要振作起来，跨越痛苦。你们仍可以感受到生命的欢乐和甜蜜，而且会比身体健全的人更加热爱生命。"海伦用爱心与热忱赶走伤兵们的孤寂，点燃他们生命的新火焰。

为了筹措资金治疗因战争而残疾的伤兵，海伦卖掉了波士顿的房子，和离了婚的安妮搬到纽约郊区的一间小房子定居。她开始帮更多杂志写稿，并与电影公司合作，将自己的自传《少女时代》改编成电影，亲自担任主角。有时，为筹募资金，她也会去杂技团的剧场客串演讲。虽然海伦的行为时常被一些不了解的人嘲笑："哈佛毕业生怎么会跑去杂技团打工?"但是，海伦丝毫不理会这些杂音，心中只考虑怎样才能挣到钱，去帮助那些需要帮助的人士。

为了筹备首次世界盲人大会，海伦开始更紧凑的募捐活动。她到全美各地去演讲，宣传残疾人士的困苦和需要。由于海伦不断地努力，社会各个阶层的群众，逐渐关心残疾人士的生存环境。人们纷纷慷慨解囊，连一些小学生也将自己的零用钱捐献出来，终于筹措到一百万美元的大会资金。1931 年，在美国纽约召开了世界盲人大会。海伦出席大会，并在会上作了题为《盲人的幸福》的演讲，受到与会者一致赞扬。

由于长期与海伦四处奔波，加上年老体衰，安妮病倒了，并于 1936 年在疗养地苏格兰病逝，结束了她七十年的生命旅程。

安妮从二十岁到七十岁，漫长的五十年中，与海伦朝夕相伴，共同度过了风风雨雨的日子。她使海伦从一个顽皮任性的小女孩，变成一个了不起的伟人。海伦的一切，都与安妮的栽培分不开。“没有安妮，就没有海伦！”深陷在巨痛中的海伦，一时感到自己生命的苍白无力，在心里

消沉地问着：“老师，你为什么丢下我一个人？”日后只要海伦想放弃目前从事的残疾人士福利工作，她就似乎会隐约听到安妮柔和坚强的声音：“海伦，你不要放弃自己的人生目标。那些身患疾苦不幸的人们，正在等待你的帮助，振作起来！”

海伦没有辜负安妮的期待，她用生命的火种，点亮残疾人士的希望之路。她的足迹遍布十几个国家，全力推广普及残疾人士教育的福利事业。其中，还曾三次到过亚洲的日本和中国东北等地区。海伦所到之处，纷纷建立起残障人士的福利机构，为众多人带来生命的希望。

海伦，一个用毅力震撼世界的弱小女人，一个一生写出十几部著作的盲人作家，一个将生命奉献给社会福利事业的义工，一个被称为二十世纪伟人的哈佛毕业生，她美好的愿望像一盏不灭的灯，照耀着人类永恒的爱心。

1968 年 6 月 1 日，这位创造二十世纪奇迹的伟人，在美国东海岸康乃狄克州的家中，慢慢停止呼吸，与世长辞，走完了她八十八年非凡的生命旅程。

9. 心中的光明

海伦生前非常渴望用自己的双眼，去欣赏色彩缤纷的大千世界。她多少次在心中哭泣着，渴望看到自己触摸到的每一份美丽和感动。黑暗使她憧憬视觉的绚丽，静默使她倾慕声音的韵律。海伦曾在一次讲演中，感慨道："假如上天答应送给我一件礼物，那么我会大声地请求：'我要光明！'哪怕只有三天。只要让我睁开双眼，看看这个世界三天，我情愿再回到黑暗里。"

海伦三天光明的日子将会是这样度过的：

第一天，海伦要看望那些善良温和的亲朋好友。第一个就是要好好地看看安妮，是安妮为海伦打开了心智的门锁，开辟了通往外在世界的道路。海伦要从安妮的眼睛走进她的心田里，要在那里沐浴爱的雨露。然后，海伦要将所有的亲朋好友都叫到眼前，一个个，长久地望着他们的脸，将他们的美，铭刻在心里。她要亲自去看一个初生的婴儿，看人类最初、最纯洁天真的美。还要走进自己生活的房间，看那些读过的书和一个个喜爱的玩具。下午，海伦要去森林湖边散步，去农庄田野闲转，让美丽的自然风光，成为心中最美的画面。然后在这个夜里，把自己沉浸在白天看到的回忆和喜悦中。

第二天，海伦要在黎明前醒来，看看天地的昼夜，在更鼓声交替的刹那，看满天朝霞里太阳冉冉升起的壮丽。白天，她要走进博物馆里，在历史的长廊中游览人类的亘古；在艺术的搜寻中感受人类的灵魂。晚上，她要去剧院看戏，欣赏优美的动作，回味和谐的旋律。这天晚上，海伦要在梦中与剧中的人物交流。

第三天，海伦仍会惊喜地等待晨曦，因为每一次太阳的升起，都是一个美丽神奇的重复。这一天，也是她拥有光明的最后一天，没有时间去遗憾或奢望。在这一天里，海伦最想看的是她生活的城市——纽约。看看帝国大厦及众多的摩天楼群、中央公园的葱郁及第五大道的繁忙，感受人世的繁华与孤傲，喧闹与宁静。

子夜将近时，海伦的光明将被收回，黑暗又将开始。她没有恐惧，没有懊悔，没有沮丧。因为三天有视觉的日子，她已将世界存到心中的光明里。

朋友，假如你也只有三天光明的日子，你会怎样用这双眼睛，凝视、拥抱自己生活的这个世界呢？怎样热爱你身边的亲朋好友？怎样珍惜美好的生命呢？

海伦·凯勒小档案

1880 年　出生于美国南部阿拉巴马州塔斯甘比亚镇。

1882 年　因急性脑炎，导致失明失聪。

1886 年　结识贝尔博士，并与波士顿的帕金斯盲人学校取得了联系。

1887 年　安妮小姐来到了海伦的家里，担任家庭老师，海伦开始跟安妮老师学习盲文点字。

1888 年　与安妮老师受邀至波士顿帕金斯盲人学校，进行短期访问。

1890 年　跟随富勒老师学习发音。

1893 年　参观在芝加哥举办的世界博览会。

1894 年　学习发声和唇读法。

1896 年　进入剑桥女子中学就读，准备报考哈佛大学。

1899 年　参加入学考试，获得哈佛大学女子学院的入学许可。

1900 年　入哈佛大学女子学院就读。

1904 年　从哈佛大学毕业，获文学学士学位。

1905 年　与婚后的安妮老师在波士顿定居。

1914 年　与安妮老师在全美各地做反战巡回演讲。

1916 年　结束与秘书皮特的短暂恋情。

1921 年　母亲去世。

1936 年　安妮老师病逝。

1937 年　到日本巡旅。

1943 年　参加二次大战的伤兵救助与关爱盲人的社会活动，往后也持续参加。

1946 年　代表美国海外盲人基金会巡旅各国，足迹遍及英、法、希腊、意大利、爱尔兰等。

1948 年　到世界各国巡旅，推广关爱残疾人的社会福利运动。

1968 年　病逝。